MANUEL DE REÏKI SECOND DEGRE

REÏKI TRADITIONNEL SELON LA METHODE ORIGINALE DE MIKAO USUI

USUI REIKI RYOHO

NIVEAU OKUDEN ZENKI

(second niveau première partie)

Auteur et enseignante : Valérie Tardy

Mentions Légales

Droits d'auteur © Valérie Tardy 2016

Tous droits réservés

ISBN : 979-10-94741-11-5 (édition papier)

ISBN : 979-10-94741-12-2 (édition Kindle)

Images du livre © Valérie Tardy 2016

Du même auteur

Soigner autrement est possible : Guérison chamanique de l'esprit et du corps - soins chamaniques et relation d'aide (2016)

L'Art de la Guérison Individuelle : Méthode de transformation et de déconditionnement de l'individu pour sortir de la souffrance (2015)

Comprendre l'essence du chamanisme : Au-delà des cultures, les pratiques chamaniques expliquées par une chamane (2015)

Manuel de reïki premier degré : développement personnel et éveil spirituel avec le reïki traditionnel (2015)

Table des Matières

Avant-propos

Chers lecteurs,

j'ai décidé de publier ce manuel de reïki second degré suite au succès de mon manuel de premier degré[1]. Ce n'était pas évident pour moi au premier abord, car pour être honnête le reïki est pour moi un sujet un peu usé. Cet enseignement correspondant au stage okuden Zenki (première partie du second degré), je le connais «par coeur». Cela fait longtemps que je l'enseigne et que j'ai le sentiment d'en avoir fait le tour. Le reïki n'est pas une religion, ni un but en soi, ni toute ma vie, ni tout l'enseignement que je propose. C'est une toute petite partie de l'enseignement spirituel que j'offre.

Il est évident que de mon point de vue, le Usui Reïki Ryoho, même traditionnel, ne peut suffire pour guider les gens vers la libération personnelle (déconditionnement total) et l'éveil, du moins à notre époque. L'enseignement contenu dans la méthode reïki n'est pas suffisant. Les occidentaux ont tort de considérer que le contenu des stages de reïki représente un enseignement spirituel suffisant. Les stages permettent d'obtenir des outils et une partie d'enseignement si la personne qui se dit maître a elle-même atteint l'éveil. Mais même dans ce cas, qui peut croire qu'un enseignement spirituel suffisant peut tenir en trois ou quatre stages ?

Si vous voulez changer, vous libérer, ou évoluer spirituellement il vous faudra de toute façon travailler dur pendant des années, ou des décennies, avec un enseignant compétent. Le travail dépassera largement le cadre de ce que nous appelons reïki. Je peux vous dire que j'en ai vu des gens

---

[1] Depuis la parution du manuel premier degré, j'ai publié trois autres livres.

qui pratiquaient le reïki depuis vingt ou trente ans, et avaient toujours un tas de problèmes (y compris de nombreuses personnes se disant maître reïki). Ce n'est pas seulement parce que le reïki occidentalisé a été lourdement simplifié. C'est parce que les outils du reïki ne peuvent suffire. L'essentiel à la transformation n'est pas là. C'est pourquoi je propose un enseignement plus vaste pour accompagner les personnes désireuses de changer vraiment aussi lontemps et aussi loin qu'elles le peuvent.

Je ne suis pas le genre de personne à «vivre reïki», ou à m'identifier à cette méthode. Cela serait une sacrée erreur sur un chemin spirituel, un non-sens. Cependant, le travail concret et sécurisé avec l'énergie offert par le reïki est vraiment utile, voire indispensable, pour travailler sur soi. C'est le principal intérêt de cette méthode Usui Reïki Ryoho. Je peux très bien enseigner tout cela, ceci dit, sans rester dans un cadre «reïki». Ce qui est essentiel n'appartient à personne, et n'est pas spécifiquement reïki.

C'est dans ce contexte que je désire transmettre ici mon manuel de reïki okuden zenki. Je tiens à prévenir tout de suite que vous y trouverez les symboles du second degré que j'enseigne et que ceux qui pensent que les montrer est un sacrilège ne devraient pas lire ou acheter ce livre. Quant à ceux qui croient qu'une personne non initiée qui voit les symboles sera foudroyée, on ne peut rien pour eux. Désolée, je ne souhaite pas être méchante, chacun fait ce qu'il peut, mais il est nécessaire de secouer les gens. De telles superstitions ne devraient pas exister. Réveillez-vous !

Je rappelle encore que cet ouvrage est un manuel, donc une sorte de pense-bête, à destination des personnes qui ont suivi des stages de reïki. Ce n'est pas un livre sur le reïki et cela n'a pas la prétention d'être exhaustif sur le sujet. Ce qui importe pour moi, c'est de bien faire comprendre ce qu'est le reïki traditionnel, et comment le pratiquer correctement afin de travailler sur soi. Un manuel est totalement indispensable pour tous les élèves.

Le Usui Reïki Ryoho est une méthode relativement simple et accessible. Cela ne signifie pas qu'on peut la pratiquer n'importe comment. De nombreuses erreurs sont possibles.

Le respect de règles strictes fait toute la différence au final en terme de résultats. Mais une autre chose est nécessaire : la sélection des élèves. Cette méthode s'adresse à des personnes sérieuses (comme devaient l'être les élèves de Mikao Usui, qui était lui-même très sérieux), qui désirent pratiquer le reïki pour travailler sur elles-mêmes. Cela ne s'adresse pas à des personnes qui cherchent des super pouvoirs, ni à des personnes qui désirent devenir guérisseuses.

C'est en sélectionnant les élèves que l'on respecte le reïki et qu'on peut montrer sa dimension spirituelle. Encore faut-il bien entendu que l'enseignant lui-même soit sur ce chemin spirituel et qu'il soit apte à sélectionner ses élèves. Une personne qui a suivi trois stages de reïki à l'occidentale, ne sera jamais un véritable enseignant, même si on lui a remis un diplôme (ce qui est en soi totalement contraire à l'esprit de la méthode de Usui).

Je déplore le très bas niveau de l'enseignement reïki. L'image du reïki est désastreuse et c'est mérité. Enseigner à distance, se croire enseignant parce qu'on a suivi trois stages de reïki, ou pire reçu une initiation à distance, ne pas sélectionner les élèves, ne pas les suivre, répandre des superstitions à gogo, présenter le reïki comme un soin, ou pire une pratique magique, avec des initiations magiques et des symboles magiques... cela ne peut rien donner de bon. Je me désolidarise complètement de tout ce petit monde «reïki».

Certaines personnes trouvent que je suis trop exigeante. Ce sont toujours des personnes qui n'ont pas travaillé avec moi et qui sont donc mal placées pour juger de mon travail. Quoi qu'il en soit, vous pouvez vivre dans l'illusion qu'une voie spirituelle n'a pas besoin d'être exigeante, que c'est facile et pour tous. Mais c'est une illusion, qui vous maintient dans l'ignorance. Changer vraiment, sans parler d'atteindre l'éveil (qui est le but du reïki tel que l'a voulu Usui), ne peut se faire sans règles, sans exigence, sans précautions, sans un long travail, sans difficulté, sans persévérance, sans une sincérité totale, sans s'investir à fond.

Ce n'est pas pour tout le monde, de ce fait, car très peu de personnes sont prêtes à cela. Quand je sélectionne mes élèves il ne s'agit pas de juger les gens, de dire si elles sont assez bonnes pour mes stages : il s'agit simplement de vérifier que leurs motivations sont compatibles avec le travail proposé. Mikao Usui était connu pour être très précautionneux et il sélectionnait ses élèves en fonction de leur sérieux et du respect dont ils faisaient preuve.

Les personnes qui vendent un reïki magique, facile, pour tout le monde, font bien du mal à la méthode, et encouragent l'ignorance. C'est très regrettable de constater les dégâts. Il y en a de toutes sortes : personnes paumées, abusées, méthode discréditée, ridiculisée, etc. J'ai malheureusement pu constater une chose pendant ma trentaine d'années de travail spirituel : la facilité est très vendeuse, contrairement à la vérité.

Si on promet à quelqu'un de pouvoir être maître reïki en trois stages, voire trois initiations à distance (sic), ou en lisant un livre (!) ça marche forcément. La façon dont tout un tas de pseudo reïki se sont répandus ces vingt dernières années le prouve. Quand j'ai commencé le reïki, il devait bien y avoir cinq cents écoles de reïki machin-truc sous trademark. Maintenant il y en a au moins dix fois plus, et les séances de reïki s'offrent dans des coffrets bien-être. Donc, cela s'est dégradé. Le reïki bas de gamme se répand comme une maladie. En revanche si on dit aux gens la vérité, qu'il va falloir travailler dur et faire bien plus que suivre trois ou quatre stages, que très peu d'entre eux pourront atteindre le niveau enseignant.. cela n'est pas très vendeur. Très peu de personnes sont intéressées.

C'est ainsi que l'on peut sélectionner les personnes qui ont le potentiel pour un vrai cheminement spirituel. Peu importe que l'enseignement ne se répande pas comme un virus, ce qui compte c'est la qualité de ce qui est donné. Peu importe qu'une personne ne fasse qu'un stage si elle met à profit réellement ce qu'elle a reçu. Il y a peu de bons pains dans les boulangeries, n'est-ce pas ? C'est quasiment introuvable, en fait. Mais pour les quelques-uns qui en mangent, cela vaut le coup.

Le reïki occidental simplifié, facile et magique, se répand comme la baguette industrielle au point que tout le monde pense que le reïki c'est ça. Certaines baguettes industrielles veulent même se faire passer pour du pain traditionnel. Pour cela, soit on complique les choses en accumulant des croyances, techniques et savoirs inutiles, soit on donne dans le décorum japonisant. L'enseignement de qualité n'a pas plus de chance face à un enseignement simplifié bas de gamme ouvert à tous, que le pain traditionnel au levain face à la baguette industrielle des terminaux de cuisson.

Sincèrement, tout cela m'importe peu. Chacun fait ce qu'il veut. Je ne suis pas là pour défendre quoi que ce soit. Mais je ne souhaite pas être assimilée à cela, et je ne vais pas abaisser le niveau de ce que je fais pour avoir plus de «clients» ou pour être «copine» avec le «monde merveilleux du reïki». Beaucoup de personnes en reïki se cachent derrière des idéaux d'amour et d'ouverture, qui nécessiteraient une indulgence totale sur les pratiques des uns et des autres. L'amour est pourtant ce qui est le plus difficile et le plus exigeant. Aimer n'est pas faire plaisir à tout le monde ou dire «oui» à tout. L'amour et la sagesse impliquent responsabilités, courage, fuite de la facilité. Cela nécessite de renoncer à ses illusions.[2]

Alors, cher lecteur, je m'apprête à ré-écrire entièrement mon manuel de reïki second degré rien que pour vous. J'imagine que si vous l'achetez, c'est parce que vous avez aimé le manuel de premier degré et qu'il vous a apporté quelque chose. J'espère que ce second volume vous sera également utile. Je vous souhaite également de vous débarrasser de tout ce qui vous entrave et d'être heureux. Même si cela nécessite du travail, cela en vaut la peine.

Du fond du coeur

Valérie Tardy

---

[2] Après avoir enseigné sur ce thème pendant des années, je suis en train de rédiger un livre sur le sujet de l'Amour.

PARTIE I : INTRODUCTION

1 - Le second degré reïki

Le manuel que vous allez lire concerne la première partie du second niveau en reïki traditionnel. Le second niveau s'appelle Okuden. Il est divisé en deux parties : okuden zenki et okuden koki.

Le niveau okuden zenki correspond à peu près à ce que le reïki occidental appelle second degré. Ce niveau est très intéressant car il comporte de nombreux éléments qui sont très utiles pour travailler sur soi (ce que j'appelle le développement personnel). De ce fait, suivre cet enseignement est très recommandé.

Il faut se souvenir que traditionnellement l'enseignement n'était pas donné sous forme de stages. Mikao Usui était en contact régulier avec ses élèves et leur donnait l'enseignement en fonction de leurs besoins. A notre époque nous sommes obligés de regrouper diverses parties d'enseignement sous formes de stages. Le stage okuden zenki correspond à l'apprentissage de quelques nouveaux outils reïki.

Aucun de mes élèves ne suit ce stage après avoir uniquement suivi le stage de premier degré (shoden). Tous mes élèves qui font ce stage ont déjà fait au moins tous les stages débutants que je propose (reïki et hors reïki soit 3 stages au moins), ont généralement suivi des stages d'enseignement à thème (par exemple le stage sur l'amour), ont pratiqué l'exploration émotionnelle et par conséquent savent comment trouver les parties de leurs programmations sur lesquelles ils vont travailler avec le reïki 2 et les autres outils que je transmets.

L'essentiel pour suivre le stage okuden zenki est d'être très motivé pour travailler sur soi et d'avoir acquis une certaine confiance dans sa capacité à pratiquer le reïki (sur soi évidemment). Cela nécessite la plupart du temps d'avoir bien développé les sensations énergétiques avec les TJR et la pratique du niveau shoden. Cependant, des élèves ayant peu de sensations peuvent suivre ce stage s'ils sont bien motivés. En effet, étant donné l'intérêt des outils de second degré pour faire sa «lessive», ce serait dommage de les en priver.

Je n'accepte jamais pour le stage okuden zenki, une personne qui n'a pas suivi le niveau shoden avec moi. En effet, même si le programme du stage qu'a suivi la personne peut sembler proche du mien, l'expérience   m'a montré que cet élève se sentira perdu et ne rattrapera jamais son retard par rapport à mes autres élèves sans tout recommencer du début avec moi.

La seconde partie du deuxième niveau, okuden koki, ne sera suivie que bien plus tard. Cette seconde partie est d'un niveau bien plus avancé, et nécessite des années de pratique du reïki mais aussi du travail de transformation de ses conditionnements. Ce n'est pas, comme on le voit souvent, un stage de TJR, les TJR étant traditionnellement enseignées progressivement et dès le niveau shoden. Le stage okuden koki comporte peu de nouvelles techniques et elles sont   moins intéressantes que celles des deux premiers stages. Tout l'intérêt du koki porte sur la compréhension profonde du reïki et du cheminement spirituel. Il s'adresse aussi à des personnes qui sont déjà avancées en terme de pratique méditative. Une petite partie des élèves qui font un stage premier degré suivra un jour ce niveau.

2 - Le stage okuden zenki

L'objectif de l'enseignement du second degré okuden zenki est de vous fournir des méthodes pour poursuivre votre travail de développement personnel de façon plus ciblée, avec une grande efficacité. Il s'agit au second degré d'apprendre à utiliser son intention de façon plus consciente, et c'est ce qui rend votre pratique plus puissante. Beaucoup disent que le second degré est plus profond. A mon avis là se situe la profondeur. A ce stade, vous êtes vraiment entrés dans la démarche de développement personnel et l'utilisation du reïki pour vous libérer.

Certains seront un peu décontenancés par l'utilisation des symboles en reïki et peuvent avoir l'impression paradoxalement de « perdre » quelque chose avec ce second degré. Il s'agit de la spontanéité. A votre premier degré vous aviez une façon simple de pratiquer, confiante. Le second degré ne doit pas aller à l'encontre de cela. Ce n'est pas une nouvelle façon de pratiquer le reïki, mais simplement une opportunité de l'utiliser plus amplement et plus précisément pour travailler sur vous.

Vous allez faire de nouvelles expériences, avoir de nouvelles occasions de sentir le reïki, ce qu'il est, comment cela fonctionne. Vous ne devez pas entrer dans une pratique mentale du reïki, mais continuer à avoir confiance et à être présent, dans le ressenti. Vous allez avoir des possibilités de poursuivre votre travail sur vous-mêmes de façon très concrète. Je vous conseille vivement de le faire. Le second degré reïki doit être le degré de la grande lessive. C'est seulement lorsque la lessive est bien avancée que l'on entre dans l'okuden koki. D'une façon générale, faites le plus d'expériences possibles avec les outils du reïki, mais ne vous sentez pas obligés d' utiliser systématiquement tous ces outils.

Comme avec le premier niveau, l'enseignement reçu dans ce stage devra être complété et approfondi pendant des années. Quand j'ai suivi mes stages reïki en tant qu'élève j'ai eu l'impression de faire le tour de ce qu'ils contenaient en quelques semaines à peine. C'est souvent le cas avec le reïki occidental, et cela pousse les gens à très vite avancer dans les degrés, car ils veulent «plus». Les enseignements que vous recevez dans ces stages de reïki traditionnel ont une grande portée et si vous avez l'impression d'en faire le tour c'est que vous ne vous impliquez pas assez dans votre travail sur vous, vous ne venez pas suffisamment en stage, vous ne prenez pas de rendez-vous individuels pour travailler sur vos problèmes personnels (je ne parle pas de séances de reïki, mais bien de rendez-vous de développement personnel).

Les sujets abordés au début du parcours ne sont pas simples, ils nécessiteront un long chemin pour vraiment les comprendre. Mes stages de reïki comme mes autres stages, peuvent être suivis de nombreuses fois avec l'impression d'un renouvellement perpétuel et en comprenant de nouvelles choses à chaque fois. Il est tout à fait conseillé de suivre les stages plusieurs fois.

En ce qui concerne les séances pour autrui et l'aide que vous pouvez apporter avec le reïki, tout comme au premier degré, n'oubliez pas que pour aider vous devez d'abord avoir travaillé sur vous-même. Dans le reïki traditionnel les élèves de niveau shoden et okuden ne doivent pas pratiquer sur les autres sans la supervision d'un enseignant. Votre pratique sur les autres devra donc se limiter à la pratique en stage ou en atelier et à l'entrainement à distance avec des élèves qui sont suivi le même stage.

3 - L'intention

La sagesse populaire dit bien que c'est que l'intention qui compte ; mais qu'est-ce que l'intention ?

Voilà un sujet qui revient dans plusieurs de mes stages car il est vraiment important. Vous n'en entendrez pas parler qu'une seule fois. Et il vous faudra sûrement longtemps pour bien l'appréhender. La pratique du second degré reïki demande de comprendre ce qu'est l'intention car pour travailler sur des problèmes que l'on a, des conditionnements, il faudra émettre une intention plus précise qu'au premier niveau.

Quelques métaphores :

L'intention c'est comme un signal d'une parcelle de l'infini à l'infini. C'est comme le battement d'aile du papillon qui agit sur la météo à des milliers de kilomètres (cf la théorie du chaos). La vague qui se propage dans l'océan, le signal d'une cellule de notre corps qui fait réagir tout l'organisme.

L'effet de l'intention c'est par exemple :

- Vouloir un chien et l'avoir comme par miracle deux jours après .

- Trouver la maison qu'il nous faut sans la chercher .

- Penser à sa fille qui a mal au ventre et qu'elle n'ait plus mal.

- Proposer un soin dans 4 jours à quelqu'un et que l'effet commence tout de suite.

- Constater qu'il faut doser ses soins avec l'intention pour que les effets ne soient pas trop "brusques" pour le patient.

- S'asseoir à côté de quelqu'un et que la séance commence à l'instant même, sans avoir encore rien fait.

- Pratiquer le reïki, en direct ou à distance....

- Voir toutes les choses auxquelles on n'a pas encore pensé se mettre en place exactement comme il faut.

- C'est voir le résultat immédiat sur le visage d'un receveur, de quelque chose qui a traversé notre esprit, d'une intention qui a été spontanée.

Des milliards d'intentions sont émises par des personnes qui ne le savent même pas.

L'intention ne nécessite pas la pensée. Elle n'a même pas besoin d'être consciente pour exister. Cependant, dans le cadre du développement personnel et du reïki, nous parlons avant tout des intentions que nous conscientisons et qui sont représentées par des phrases.

L'intention n'est pas volonté dans le sens qu'elle n'est pas effort. C'est cependant une volonté intime, consciente ou inconsciente.

Il n'y a rien à faire une fois l'intention «lancée» (c'est une image, mais on pourrait dire que c'est un signal qui se propage dans l'eau, par exemple). L'intention n'est pas concentration. Elle n'est que l'échange direct et spontané d'une partie de l'univers avec le reste de celui-ci.

Quand la personne est suffisamment consciente, éveillée, elle sent très bien son lien à l'intention - en fait son lien au reste de l'univers. Les intentions les plus puissantes sont celles de personnes libres qui sont tout le temps connectées et ne doutent jamais. [3]

En reïki, il me semble tout à fait saugrenu de penser qu'il n'y a pas d'intention, comme cela est souvent dit. Tout praticien reïki a l'intention de pratiquer une séance de reïki. Les gens ne viennent pas sur les tables des praticiens reïki pour écouter leur jolie petite musique de relaxation. Ils viennent pour une séance de reïki, dans le but d'un mieux-être, pour résumer. Le praticien a l'intention de pratiquer une séance de reïki pour que la personne qui l'a demandée la reçoive.

Existe-t-il un praticien qui n'a pas cette intention ? Sans cela il n'y aurait pas de séance, il n'y aurait que des gens qui écoutent de la musique sur des tables pendant que d'autres posent leurs mains en pensant à leur liste de courses.

On donne aux débutants une indication sur l'intention à avoir pendant leur pratique reïki, en stage ou chez eux. C'est important car les gens ne sont pas au départ conscients de ce qu'est l'intention, ni même connectés à la Vie. Ils ne sont pas «nettoyés» et portent de nombreuses émotions et perturbations mentales qui peuvent créer des problèmes. C'est pourquoi la pratique du reïki est stricte quant aux intentions, même quand on pratique pour soi ou pour des situations de notre vie. C'est ce qu'on verra un peu plus loin.

---

[3] Vous trouverez d'autres explications sur l'intention dans mon livre «Comprendre l'essence du chamanisme».

Un élève doit conserver l'intention suivante : " que tout se passe le mieux possible". Cette intention est parfaite et suffisante. Ils peuvent avoir confiance et cette confiance est nécessaire. Les personnes qui voudraient avoir des intentions trop précises risquent de faire des erreurs et de créer des problèmes. Rappelez-vous que vous ne savez pas ce qui est le mieux possible pour l'autre ou pour vous. Le mieux possible, cela peut être de mourir et pas forcément de guérir, par exemple. Très souvent les gens confondent ce qu'ils veulent avec ce qui est bon. C'est l'égo qui dirige et alors on n'est plus dans la pratique du reïki.

Avec le second degré reïki, on apprend à avoir des intentions un peu plus précises qu'au niveau shoden, comme traiter une situation, guérir une blessure du passé. Cela vous permettra de travailler à vous libérer de ce qui vous entrave. Mais on est dans le subtil puisqu'il ne s'agit plus de poser les mains sur son corps. Les choses sur lesquelles on travaille ne sont pas matérielles.

Même si l'intention se passe de mots, de pensées et de rituels, vous pourrez en utiliser pour renforcer la force de votre intention. En effet l'essentiel dans l'intention est l'absence de doute, qui s'assoit sur une confiance réelle. Les rituels et symboles peuvent vous y aider car ils matérialisent en quelque sorte votre intention. Pour un débutant tel qu'un élève qui suit le stage okuden zenki, c'est beaucoup plus facile avec des images et des mots.

Sachez que le doute disperse votre énergie et que vous devez émettre vos intentions dans un moment où il n'y a pas de doute. Normalement, si vous avez bien tiré partie de votre premier degré, votre pratique reïki devrait remplir cette condition.

Cependant il n'est pas question d'abandonner l'intention de base du reïki ou de jouer aux apprentis sorciers. Le reïki est une pratique non interventionniste, et elle le reste à tous les degrés, ce qui garantit sa sécurité. Toute personne qui ne respecte pas cela joue avec le feu et ne pratique pas vraiment le reïki.

Je rappelle que la pratique sur d'autres personnes -en dehors des entrainements entre élèves- ne doit être réalisée que par des praticiens expérimentés, c'est à dire au niveau shinpiden.

PARTIE II : SYMBOLES DU SECOND DEGRE

1 - Origines et diversité des symboles

Pour ce que nous en savons à ce jour[4], Mikao Usui nous a transmis quatre symboles dans sa méthode Usui Reïki Ryoho. L'enseignement du second degré comporte trois symboles. A l'origine seulement deux symboles étaient donnés dans la partie okuden zenki, le troisième l'étant à la partie okuden koki. Ces symboles sont des supports que vous pouvez utiliser dans votre travail en reïki, en particulier dans des situations ou des objectifs spécifiques.

Ils sont également utilisés lors des reiju par l'enseignant si celui-ci utilise un protocole occidental. Les protocoles japonais, utilisés par Usui, Hayashi et les autres enseignants traditionnels, ne comportent pas de symboles. L'usage des symboles est beaucoup moins important dans le reïki traditionnel que dans le reïki occidental. En effet, le reïki occidental est extrêmement simplifié et ne comporte que peu d'enseignements. Il est naturel alors que les gens se soient «accrochés» aux seuls outils tangibles qu'ils avaient entre les mains.

Pourquoi existe-t-il autant de variantes des symboles reïki ?

Une personne qui s'intéresse au reïki se rend rapidement compte que les symboles reïki sont beaucoup plus nombreux qu'ils sont sensés l'être. En effet, chacun des quatre symboles peut être trouvé en de très nombreuses variantes. Certaines sont vraiment différentes au point qu'on a du mal à les reconnaître.

Il faut vous remémorer l'histoire du reiki qui vous a été résumée pendant le stage shoden.

---

[4] Nous ne connaîtrons jamais la totalité de l'histoire de Mikao Usui et du reïki.

Vous allez maintenant vous familiariser avec ces symboles et la grande variété de leurs usages. Ceux que je transmets sont les symboles du jin kei do, lignée qui ne passe pas par Takata, mais ils sont proches de ceux de Takata et ont les mêmes noms. Ce n'est pas le cas de tous les symboles transmis dans les différentes écoles, y compris japonaises.

Quels symboles faut-il utiliser ?

Vous aurez peut-être accès à plusieurs variantes des symboles reïki, soit parce que vous suivrez plusieurs stages avec des enseignants différents, soit dans des livres.

Il me semble logique d'utiliser les symboles que vous avez reçus en stage en priorité. Cependant, il faut garder à l'esprit que vous devez avant tout vous sentir à l'aise avec les symboles pour pouvoir les utiliser. Par conséquent, si vous êtes plus à l'aise avec une forme du symbole différente de celle qui vous a été présentée en stage, vous pouvez choisir celle-ci.

Souvenez-vous que c'est l'intention qui compte. De ce fait, si vous utilisez un symbole ou n'importe quel autre support ou rituel qui ne vous convient pas, cela réduira énormément l'efficacité de votre pratique, voire l'anéantira totalement.

2 - Que sont les symboles reïki ?

Voici La Grande Question, qui travaille beaucoup de personnes. Tout d'abord, il est nécessaire de répondre à une première question fondamentale pour avoir les idées claires.

Qu'est-ce qu'un symbole ?

Un symbole matérialise une idée, un concept ou bien une force. Il n'est pas l'idée ou la force elle-même, mais les représente et permet donc de nous y relier en conscience si nous le souhaitons.

Dans le monde des symboles, toute réalité matérielle représente quelque chose qui est à un autre niveau, à un niveau non-matériel.

Ainsi, une réalité matérielle peut représenter une réalité immatérielle. Le symbole a pour fonction de nous rendre accessible quelque chose qui se situe au-delà de notre perception habituelle. Il est donc utile : c'est un outil. Il existe parce qu'on en a besoin.

Un symbole a aussi le rôle d'unifier, de résumer, une réalité, ou une expérience globale inexprimable. Une fois établi, le symbole peut remplacer ce qu'il représente, à condition que nous soyons informé de sa signification. Les symboles fonctionnent comme des codes : ils doivent être appris, ils ne sont pas innés et ils n'existent pas par eux-mêmes.

En intégrant les symboles dans leurs vies, certaines personnes désirent y intégrer l'immatériel et se sentent plus « reliées ». Les symboles sont donc avant tout des supports, qui rendent concret ce qui ne l'est pas.

Dans la mesure où la méthode reïki obtient des effets souvent étonnants, du fait qu'elle procure souvent un grand bien être et un indicible sentiment de sécurité, sans parler de toutes les sensations énergétiques qu'elle peut provoquer ou amplifier, les symboles reïki sont souvent considérés comme d'origine sacrée, voire divins. Bien entendu, ce n'est qu'une interprétation, un étiquetage du mental, dépendant des croyances des personnes qui voient les choses ainsi.

Les symboles reïki, ne sont que des signes, comme tous les symboles. Ils n'ont que le sens qu'on leur donne.

Dans la mesure où Usui était bouddhiste, il y a aussi tout un nombre de personnes, qui, ayant fait des recherches sur les symboles reïki, ont trouvé diverses origines possibles à ces symboles, en particulier dans le bouddhisme tantrique. Ces personnes comparent les symboles reïki aux symboles bouddhistes, ou aux syllabes germes, et pensent que les symboles reïki ont un pouvoir intrinsèque, que tel symbole purifie telle chose, etc... en rapport avec tel bouddha.

Je vous laisse vous faire votre avis sur la question. Pour ma part je pense que les symboles n'ont pas de pouvoir intrinsèque. Aucun symbole n'en a.

Certes les symboles reiki ont été choisis en fonction de leur sens, car ils existent déjà dans le bouddhisme et Usui les a choisi dans la culture qu'il connaissait bien. Il est évident que si on veut un symbole qui aide à trouver l'apaisement, on ne va pas choisir un symbole martial. Il est évident que certaines images sont apaisantes. Les formes, les couleurs, les sons, produisent leurs effets en tant que tels. Il est aussi tout à fait possible que les praticiens reïki bouddhistes qui ont la foi réellement dans le bouddhisme, se servent de cette foi pour augmenter la puissance de leur intention dans l'usage de symboles.

Si quelqu'un a la foi dans un bouddha en particulier, lui demander protection ou compter sur le pouvoir de ce bouddha peut être d'une grande aide dans toute pratique spirituelle. A mon avis il n'en est rien pour quelqu'un qui ne croit pas du tout en ce bouddha. Je tiens à rappeler aussi que Usui initiait tout aussi bien des chrétiens que des shintos, des bouddhistes ou des personnes sans aucune religion. Je doute que ces dernières aient eu besoin de se relier à un bouddha pour pratiquer le reïki.

Je pense que le sens et la puissance d'un symbole dépendent de la culture de celui qui l'utilise. On peut même créer ses propres symboles, et ceux-ci pourront même être transmis à d'autres. On peut penser aussi que des symboles utilisés par de très nombreuses personnes avec foi ont plus de force. Savoir que des milliers de praticiens reïki utilisent ces symboles peut être rassurant et vous aidera à tirer le meilleur parti des protocoles d'utilisation des symboles reïki.

Selon la tradition, les symboles sont des supports qui servent à focaliser notre intention et notre attention.

C'est cela qu'il est essentiel de retenir.

Il est intéressant de noter que tous ceux qui pratiquent le reïki n'utilisent pas les symboles avec les mêmes intentions (en particulier dans l'usage du symbole Cho Ku reï) et pourtant tous sont persuadés qu'ils en font le bon usage. D'autre part, le protocole de reiju japonais se passe de symboles et beaucoup disent maintenant que les symboles n'étaient pas enseignés à tout le monde à l'époque de Usui, mais seulement à ceux qui en avaient besoin.

Il faut donc comprendre que les symboles ne sont pas l'essentiel en reïki, qu'ils ne sont pas la clé de tout et que pour moi, c'est clair, la « puissance » de la pratique reïki ne vient pas de ces symboles. Mais, bien sûr, utiliser les symboles est une aide importante pour certains débutants dans la pratique, et c'est sans doute pour cela que Usui les a enseignés. Qu'en pensez-vous ?

Il est évident qu'un débutant a peu de maîtrise et peu de confiance dans ses capacités. De ce fait, un support est toujours une aide. A l'opposé, un enseignant reïki ne devrait pouvoir se passer des symboles et de tout support pour la pratique reïki, comme c'est le cas des enseignants japonais qui pratiquent le reïki traditionnel (rappelez-vous, il y a plus de reïki occidental que de reïki traditionnel au Japon)[5]. Une personne qui a le niveau pour enseigner n'a pas besoin de support pour focaliser son attention et son intention. A fortiori, elle ne compte pas sur la magie de symboles secrets pour pratiquer le reïki.

---

[5] cf mon manuel de reïki premier degré pour un résumé de l'histoire du reïki.

3 - Considérations générales pour l'utilisation des symboles :

Tout d'abord, après le stage, vous devez consacrer du temps pour **mémoriser parfaitement les symbole**s qui vous ont été transmis. En effet, si vous ne connaissez pas les symboles «par coeur», leur utilisation ne sera d'aucune aide. Cela peut même être un handicap et un obstacle à la pratique : la moindre hésitation ôte toute spontanéité.

Vous devez donc être capable non seulement de retenir les noms des symboles, mais aussi de les visualiser parfaitement et de les associer avec leurs kotodamas sans hésitation.

Même si l'on apprend les symboles en stage et si vous les avez dessinés dans vos cahiers, la présence des symboles «correctement» tracés dans ce manuel est totalement indispensable pour que vous les reteniez tels qu'ils vous ont été transmis.

Rappelons-nous comment les symboles ont été déformés au fil du temps parce que Mme Takata ne donnait pas de manuel et interdisait d'emmener un dessin des symboles chez soi. De cette très mauvaise idée sont nées toutes les variantes des symboles reïki que l'on trouve partout. D'un certain côté cela n'a pas tant d'importance, mais d'un autre point de vue, c'est vraiment la pagaille, d'autant que certains symboles n'ont vraiment plus rien à voir avec les symboles d'origine.

La plupart du temps on utilise les symboles en les visualisant. Mais ils peuvent être :

- dessinés avec la main en entier dans l'espace

- dessinés avec un ou deux doigts dans l'espace

- dessinés sur le corps du receveur

- visualisés sur la personne

- visualisés dans votre tête

On peut aussi répéter leurs noms dans sa tête ou les remplacer par leurs kotodamas (cf chapitre sur les kotodamas).

Dans le reïki occidental, chacun a sa petite idée sur la façon dont il faut utiliser les symboles. Certains conseillent de les visualiser dans certaines couleurs, de dire trois fois leurs noms, etc... Tout cela n'a aucune espèce d'importance.

Choisissez ce qui vous convient. Mais n'adorez pas le veau d'or. N'accordez pas de pouvoir à ce qui n'en a pas. Les symboles ne sont pas magiques, les visualiser en doré ou en violet ne change rien au reïki. Vous devez utiliser les symboles d'une façon qui vous convient, c'est à dire avec laquelle vous êtes à l'aise et confiant quant à son efficacité. C'est le gage de la réussite.

Dans le cadre d'une séance reïki, il n'y a pas de règle sur le moment où les symboles doivent être utilisés. Vous le ferez lorsque vous aurez l'intuition de le faire. Au début, certes, il sera judicieux de vous entrainer à les utiliser et de pratiquer tous les exercices vus en stage, afin de vous les approprier petit à petit, et de les explorer autant que possible.

4 - A propos du secret :

Un grand nombre de praticiens du reïki occidental considèrent que les symboles reïki doivent être gardés secrets.

C'est pourquoi certains ne prononcent ni n'écrivent leurs noms devant des personnes qui n'ont pas suivi un stage de second degré. Par exemple, il est courant de voir des abréviations pour désigner les symboles, telles que :

CR ou CKR pour Cho Ku Reï

SHK pour Seï heï Ki

HSZSN pour Hon Sha Ze Sho Nen

Ce qui est certain c'est que Mme Takata a imposé ce secret de façon très sévère. En effet, elle ne donnait pas de manuel et interdisait de prendre des notes. On peut facilement imaginer les difficultés qu'avaient ses élèves.

Cette forme de secret est maintenant révolue. De nos jours la plupart des enseignants donnent des manuels mais demandent de garder les symboles secrets avec les justifications suivantes :

- Les symboles et la relation que l'on établit avec « eux » sont « intimes ».

- Si les symboles étaient étalés sur la place publique à grande échelle, l'égrégore qui leur correspond serait dénaturé et l'efficacité des symboles pourrait être perdue.

- Il ne sert à rien à un non-initié d'avoir connaissance de ces symboles car ce sont surtout des supports, des outils, pour diriger l'intention, sans la connaissance de leur usage, ils sont comme ces outils anciens accrochés aux murs : purement décoratif !

Je ne prendrais pas la peine de discuter toutes ces idées qui me semblent plus absurdes les unes que les autres.

Quoi qu'il en soit, les symboles ont été publiés de nombreuses fois dans des livres et sur des sites Web à destination du grand public. Le moins qu'on puisse dire est qu'ils ne sont plus secrets. En ce qui me concerne, je ne vois pas du tout l'intérêt de garder ces symboles secrets ni de les considérer comme sacrés.

En réalité je pense que le fait de donner du pouvoir aux symboles a entrainé de nombreuses dérives. Non seulement cela prive les gens de la réelle compréhension de la pratique reïki, mais cela a permis de faire croire à certains qu'ils pourraient pratiquer un meilleur reiki avec des symboles supplémentaires.[6]

Je parle de tous les symboles inventés ou sensés provenir de sources les plus rocambolesques (extraterrestres, etc.) que l'on peut trouver dans les soi-disant «nouvelles écoles reiki» sorties de nulle part et n'ayant aucun rapport avec Usui Mikao. C'est précisément le pouvoir que certains donnent à tort aux symboles qui a permis un éloignement constant de la tradition et de la méthode de Usui Mikao.

---

[6] Ce qui est bien évidemment tortalement faux et me fait penser à une publicité pour la lessive : «Avec le nouvel Omo, lavez-plus blanc»

Je sais que le fait que je laisse les dessins des symboles que je donne à mes élèves dans ce livre risque de déplaire à certains lecteurs, mais je l'assume car je souhaite publier un manuel complet, et donner les explications complètes sur les symboles. Je crois que le secret fait plus de mal que de bien.

Cependant, si vous ne désirez par voir les symboles, vous n'êtes pas obligé de les regarder.   ;-) Il vous suffit de sauter quelques pages de ce livre. La présentation concrète de chaque symbole se trouve dans les chapitres suivants.

5 - Cho ku reï / symbole de pouvoir

Prononcez le symbole ainsi : tcho cou reil (écriture phonétique)

Cho ku reï est souvent présenté comme étant le premier symbole, cependant vous devez savoir que les symboles n'ont pas de numéros ou d'ordre précis dans le reïki traditionnel. D'ailleurs les enseignants les présentent dans des ordres différents, à leur convenance.

Abréviations courante du symbole : CR ou CKR

Sur la page suivante, vous pouvez voir un dessin du symbole, tel qu'il m'a été enseigné et tel que je le transmets à tous mes élèves.

Le dessin du symbole en lui-même n'est pas parfait dans l'absolu. En effet, je l'ai dessiné à la main avec un feutre. Il faut bien voir qu'en général nous ne dessinons pas les symboles sur du papier, nous les visualisons.

Vous pouvez commencer par méditer en regardant le symbole. Sur les pages suivantes, se trouvent des explications sur la façon de le dessiner et son sens.

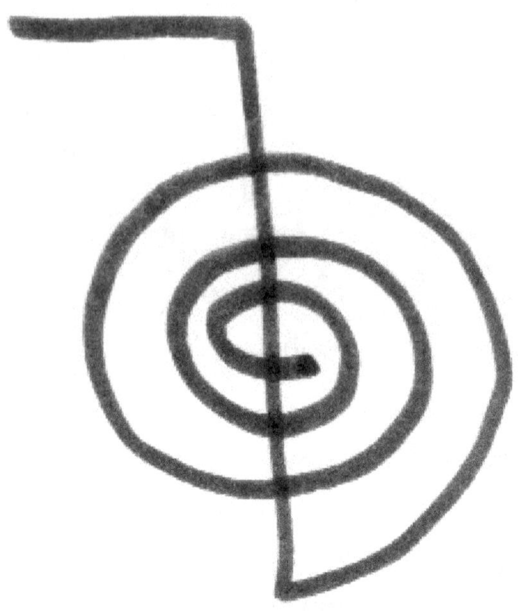

Dessin

Cho Ku Reï a la forme d'une spirale. On le dessine dans le sens présenté sur la figure suivante :

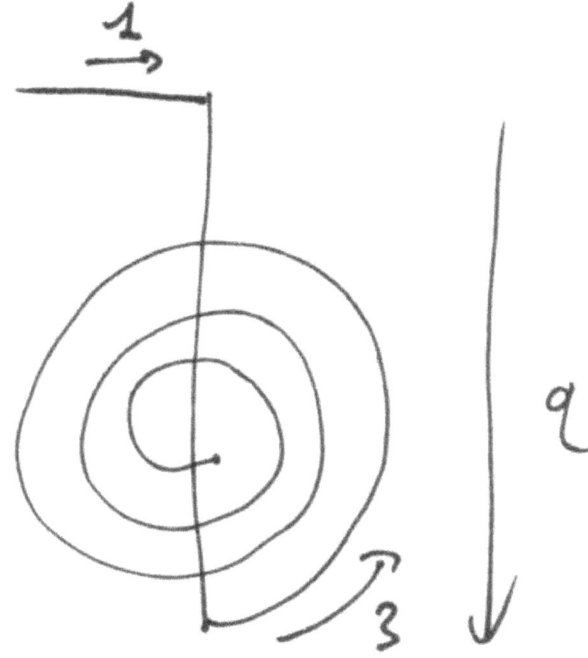

Tout d'abord on dessine la ligne du haut, bien horizontale, puis la ligne verticale, puis la spirale. Lorsque vous dessinez la spirale, faites trois tours et dépassez un tout petit peu. Dans l'idéal la spirale croise la ligne verticale en sept points. L'écart entre ces points devrait être régulier. Il est bien entendu que lorsque vous dessinez le symbole sur un papier, ils ne le sont jamais.

Pour certain, ces points peuvent représenter les chakras alignés le long de la colonne vertébrale. Je tiens à rappeler cependant que les chakras proviennent de la tradition hindoue et non de la culture sino-japonaise. Il y a peu de chances pour que Usui ait présenté cela ainsi.

Cependant, cela peut être un support de méditation qui ne fera pas de mal si on évite de lui associer toutes sortes de croyances.

Il existe dans le tantra yoga une méditation de cette sorte dont le support est le suivant :

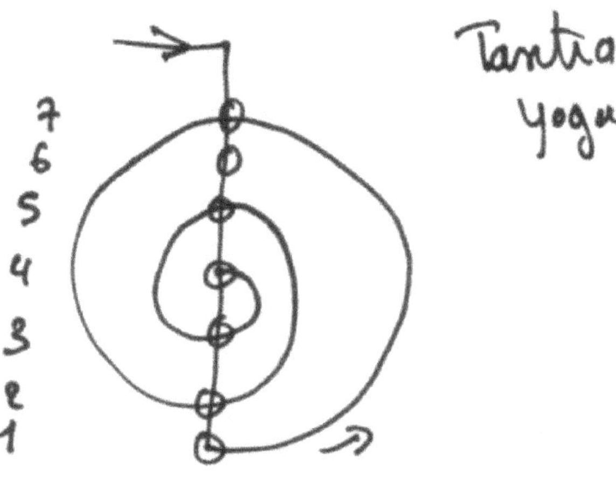

Comme vous pouvez le voir, le dessin est un peu différent : la spirale ne fait pas trois tours et il n'y a pas sept points d'intersection entre celle-ci et la ligne verticale. Dans cette méditation du tantra yoga, on imagine que l'on dessine le symbole en partant au-dessus de notre tête, puis on descend la ligne verticale le long de la colonnet, et enfin la spirale passe par certains centres énergétiques.

Etudions un peu le sens de Cho Ku Reï

J'ai trouvé les deux écritures suivantes en kanji   pour le terme Cho Ku Reï :

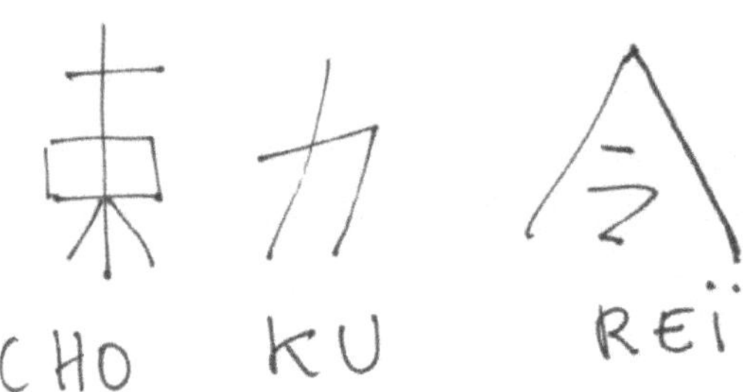

KANJI CR 1

KANJI CR 2

ChoKu signifie décret impérial.

Cho seul signifie « faisceau » et désigne aussi la rame de papier.

Ku veut dire Force.

Reï comme dans «reïki» signifie esprit, conscience, puissance mystérieuse.

Le symbole Cho Ku Reï est généralement traduit par « énergie viens ! ».

On lui donne également un sens proche de « Ainsi soit-il » ou « Amen ».

Cho Ku Reï est construit sur la base de la spirale et de la svastika.

La spirale est un symbole très utilisé dans toutes les cultures. Elle représente l'univers et la force de l'univers. La svastika est également un symbole de centrage de l'énergie, il est utilisé pour la méditation (placé sous les coussins de méditation pendant les retraites bouddhistes par exemple).

Cho Ku Reï peut également être considéré comme un mandala.

Un mandala représente un univers et constitue un support de méditation.

En allant vers l'intérieur, le symbole nous amène à la concentration, à l'intérieur de nous-mêmes. Pris dans l'autre sens, il nous mène dans l'univers.

Lorsque j'ai vu pour la première fois ce symbole pendant mon stage de reïki second degré, j'ai été invitée à méditer sur le symbole et je me souviens très bien de la vision qui m'est venue : un immense faisceau de lumière. C'était assez bien senti, je pense.

Utilisations principales:

Tous les symboles reïki peuvent être utilisés à tout moment pendant les séances reïki sur soi ou sur les autres (pour ceux qui iront juqu'à ce niveau, et en stage). Cependant, souvenez-vous que leur usage n'est en rien une obligation et n'augmente pas la puissance du reïki, ni ne donne plus de valeur à la séance. Les symboles sont là pour vous aider.

Le fait de connaître les symboles ou de suivre un stage de second degré, ne donne aucun pouvoir et ne donne pas en soi la possibilité de mieux pratiquer. La qualité de votre pratique dépendra toujours de votre état de conscience, et donc, de votre travail sur vous.

CKR est généralement utilisé dans l'idée de faire venir et concentrer l'énergie à l'endroit qui en a besoin (position des mains). C'est un symbole de puissance.

On peut utiliser CKR à chaque fois que l'on veut donner de l'énergie… ou ne pas l'utiliser.

On peut aussi avoir une intention de purification, par exemple sur les objets. Ces pratiques, si fréquentes en occident, ne sont pas mauvaises dans la mesure où elles vous aident. Il est nécessaire de rester très vigilant sur les croyances qui vous sont transmises en même temps ou que vous projetez. La plupart du temps elles n'ont rien à voir avec la méthode de Usui Mikao.

Cho Ku Reï est souvent dessiné après chacun des deux autres symboles (que l'on verra plus loin). Certains disent qu'il les active ou les énergétise. Si c'était vrai, cela signifierait que les autres symboles sont inactifs s'ils ne sont pas suivis de CKR : c'est très discutable. Cela provient d'une certaine façon de considérer le reïki et les symboles.

Dans tous les cas, dire qu'un symbole est actif ou énergétisé n'a pas beaucoup de sens. On peut dire que CKR intensifie l'effet des autres symboles, seulement si on croit que c'est le cas, et si l'utilisation de CKR nous permet de focaliser notre intention.

Si vous décidez de l'utiliser après les autres symboles du second degré, cela marchera de toute façon, et c'est la même chose si vous ne le faites pas. C'est une méthodologie comme une autre et elle fonctionne. Dans ce cas, l'idée est que vous décidez de faire quelque chose, et qu'en dessinant CKR vous dites « Ainsi soit-il ! »

De la même façon, dessiner CKR sur soi peut être considéré comme une protection seulement si on place sa foi dans ce rituel, et si on comprend bien le symbole, car la protection vient du fait de se relier à la force de l'univers.

Vous verrez qu'en reïki tout le monde n'a pas le même vécu ni la même compréhension des symboles. Cela dépend forcément beaucoup de ce qu'on nous a raconté à ce sujet, et aussi des expériences qu'on a voulu faire avec.

On trouve également Cho Ku Reï dessiné dans le sens des aiguilles d'une montre.

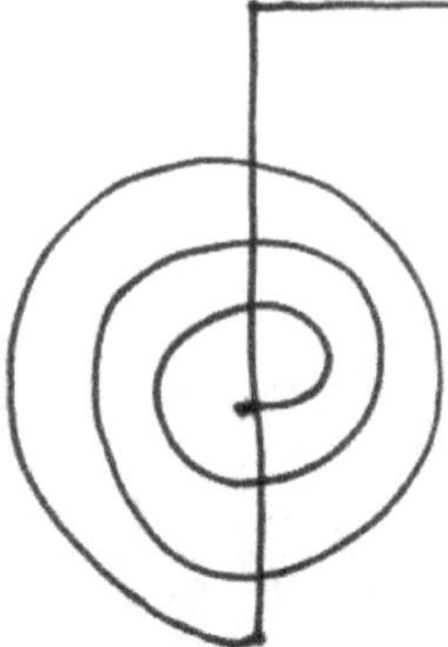

Cependant cette version est moins courante.

Chacun est persuadé d'avoir la bonne version.

Selon certains, le CR dessiné dans le sens des aiguilles d'une montre disperserait l'énergie au lieu de la concentrer. Selon d'autres c'est l'inverse.

Certains utilisent les deux, ce qui, si on suit cette logique de concentration/ dispersion de l'énergie en fonction du sens, paraît absurde : les effets s'annuleraient.

A mon avis c'est l'intention qui compte. Cela est même prouvé par le fait que les praticiens, qu'ils utilisent le symbole dans un sens ou l'autre, obtiennent les mêmes résultats.

Certains considèrent le CKR dessiné dans le sens inverse des aiguilles d'une montre comme un symbole de décréation, et l'autre comme un symbole de création ; et les utilisent en ce sens.

Avec tout cela on voit comment les uns ou les autres «bidouillent» avec les symboles donnés par Usui. Personnellement je conseille d'en rester à un usage simple de CKR, sous la forme que je transmets en stage.

Mélanger les symboles risque d'amener de la confusion. De plus, à mon humble avis, trois symboles - avec chacun une intention principale qui y est liée - suffisent amplement en reïki, pour faire tout ce qu'on veut faire.

Sachant qu'ils ne sont que des aides, c'est une impasse que de fonder sa pratique sur des symboles, leur multiplications, et la multiplication des usages. Une grande partie de ce que j'ai écrit plus haut n'est là qu'à titre informatif et s'adresse à des lecteurs, qui j'en suis persuadée, rencontrent différentes sortes de pratiques reïki et des discours parfois contradictoires.

En conclusion sur Cho ku reï :

***La principale intention liée à l'utilisation de ce symbole est de faire venir et concentrer l'énergi**e*. On appelle souvent ce symbole, le symbole de focalisation.

Ce symbole est le symbole de la force, du pouvoir, de l'énergie. Lorsqu'on l'utilise on fait appel à l'énergie de l'univers, qui est pur pouvoir et que rien ne peut souiller ou perturber. On se rappelle que la vraie nature de toute chose est cette énergie.

Ce faisant, on peut atteindre toute perturbation et la purifier car la force de l'univers tranche l'ignorance (comprendre ce qui est illusion).

6 - Seï he ki / symbole d'harmonie.

Prononcez le symbole ainsi : Seil Hé ki

On trouve son nom orthographié Seï He Ki ou Seï Heï Ki.

Abréviation d'usage : SHK

Sei He ki est souvent présenté en tant que second symbole, cependant je rappelle que les symboles n'ont pas de numéros dans le reïki traditionnel.

Sur la page suivante, vous pouvez voir un dessin du symbole, tel qu'il m'a été enseigné et tel que je le transmets à tous mes élèves.

Le dessin du symbole en lui-même n'est pas parfait puisque dessiné au feutre sur un papier, à la main.

Vous pouvez commencer par méditer en regardant le symbole. Sur les pages suivantes, se trouvent des explications sur la façon de le dessiner et son sens.

Dessin

SHK se dessine selon l'ordre et le sens présentés sur cette figure :

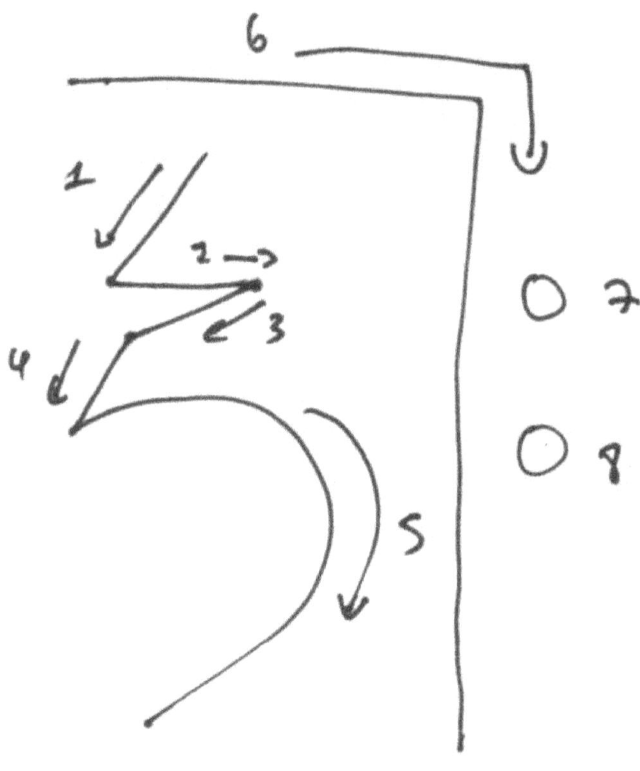

Vous devez bien faire attention aux angles formés par les droites. Pendant les stages, les élèves ont du mal à bien reproduire le symbole. Il est très souvent déformé, trop large, trop étroit, trop court, les pentes et les proportions ne sont pas respectées. Tout cela a du être corrigé en stage. Veillez à continuer à bien dessiner le symbole après le stage.

On trouve couramment une autre version de ce symbole, qui ressemble plus à celle de Takata, mais reste très proche de celle que je transmets :

Bien que cette version soit différente, on reconnaît bien le symbole SHK, qui semble simplement arrondi, comme quand on finit par déformer les lettres de l'alphabet dans l'écriture cursive.

Sens du symbole

Ecriture kanji :

En Japonais courant, Seiheki veut dire «inclination, disposition ».

Seï veut dire « saint », un moine, un sage.

Heiki veut dire « tranquillité ».

<u>Origine possible : la syllabe hrih</u>

En ce qui concerne l'origine de SHK, l'une des pistes est sa ressemblance avec la Syllabe Hrih. Ce symbole semble en être dérivé.

Cette syllabe est du sanscrit et dans le bouddhisme tantrique elle est dans le cœur du bodhisattva Avalokiteshvara (Kannon en Japonais), bouddha de compassion, émanation du bouddha Amithaba (Amida en Japonais). C'est la syllabe germe de ces deux bouddhas.

Elle est symbole d'amour, de compassion, elle représente la compassion des bouddhas.

Amithaba (Amida en japonais) est le bouddha de la claire lumière, c'est à dire de la sagesse discriminante, celle qui différencie la vérité de l'ignorance et reconnaît la nature parfaite de tout être, sa nature de bouddha.

Se relier à ce symbole c'est en quelque sorte unir notre conscience avec l'esprit, le coeur du bouddha Amida, c'est purifier nos pensées et nos émotions, pour les transformer en sagesse et compassion. C'est réaliser notre nature réelle, la nature de bouddha, qui est la nature de toutes choses.

Utilisations de SHK

En occident, SHK est souvent appelé le symbole mental ou le symbole émotionnel, car on l'utilise pour[7] traiter le mental ou les émotions.

Il est le plus souvent utilisé pour calmer le mental ou le «nettoyer». On l'utilise dans l'intention d'amener le calme mental, la tranquillité, l'apaisement. Mais dans certains cas, cela provoque des libérations émotionnelles indispensables à cet apaisement; cela peut aussi nous faire prendre conscience de nos schémas, émotions enfouies, etc....

On l'utilise un peu comme une clé que l'on aurait entre les mains et qui nous permettrait de dénouer ce qui est noué. Par exemple, pour ouvrir des portes de notre inconscient afin d'effacer les programmes qui nous font souffrir, ou pour clarifier une situation.

SHK est aussi utilisé pour résoudre des problèmes, des situations difficiles.

On l'utilise fréquemment pour soigner les mauvaises habitudes, et toutes les faiblesses de caractère. (cf nentatsu-ho et seiheki chiryo).

Il est parfois proposé de résumer SHK par la phrase : « Tu as la clé ».

Dans la pratique, on l'utilise le plus souvent au niveau de la tête et sur le coeur. Cependant il peut être dessiné ou visualisé partout ailleurs, évidemment. Il peut être utilisé en cas de blocage, à n'importe quel endroit du corps.

---

[7] Notez bien que mental et émotions ne sont pas la même chose. Pour en savoir plus, vous référer à mes autres ouvrages.

L'usage de CKR associé à SKH est optionnel.

Conclusion sur Seï He Ki

Deux intentions principales sont liées au symbole Seï he ki : **apaisement et dénouement.**

SHK est le symbole de l'Amour, de la force de l'amour inconditionnel, celui qui harmonise et guérit.

On l'utilise pour amener l'harmonie dans notre esprit, en le mettant en résonance avec la conscience de l'univers, l'esprit de l'univers, la nature de bouddha. On l'appelle aussi **symbole de l'harmonie.**

Comme on le voit, c'est un autre aspect de la réalité, de la nature de bouddha, qui est mis en évidence et auquel nous nous relions lorsque nous utilisons Seï He Ki.

Il n'est pas nécessaire d'être bouddhiste pour cela. On peut résumer cet aspect en terme d'amour universel, ou harmonie.

Quand j'ai suivi mon stage de reiki second degré, lorsque j'ai médité sur le symbole, j'ai vu une étendue d'eau très claire et très paisible.

7 - **Hon sha ze sho nen**

Prononcez le symbole ainsi : hone (h expiré) cha zé cho nène.

Abréviation d'usage : HSZSN

Hon sha ze sho nen est souvent présenté comme le troisième et denier symbole du second degré.

Sur la page suivante, vous pouvez voir un dessin du symbole, tel qu'il m'a été enseigné et tel que je le transmets à tous mes élèves.

Le dessin du symbole que vous voyez a été réalisé au feutre sur un papier, à la main.

Vous pouvez commencer par méditer en regardant le symbole. Sur les pages suivantes, se trouvent les informations nécessaires pour apprendre à le dessiner.

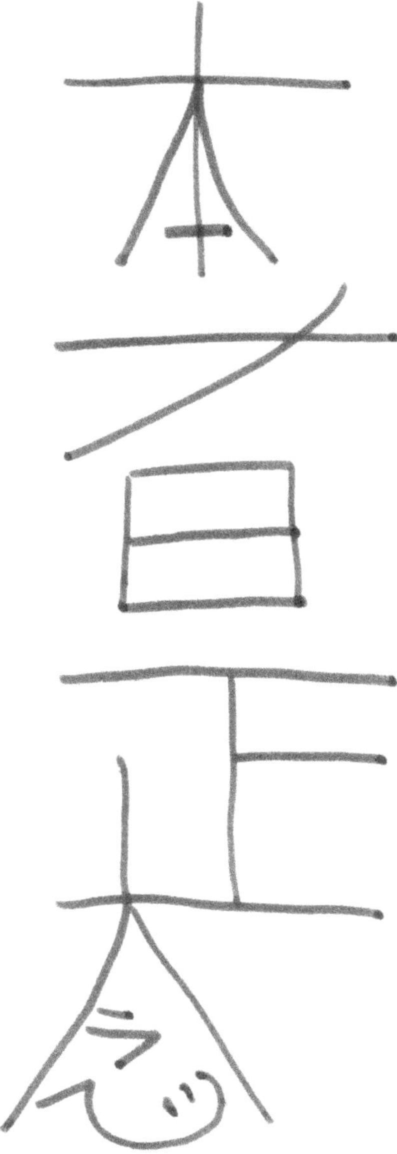

Sens du dessin

Il est particulièrement important de respecter le sens du dessin, qui correspond aux règles des Kanji japonais (les caractères traditionnels). En effet, HSZSN est un symbole en kanji, contrairement aux deux précédents symboles.

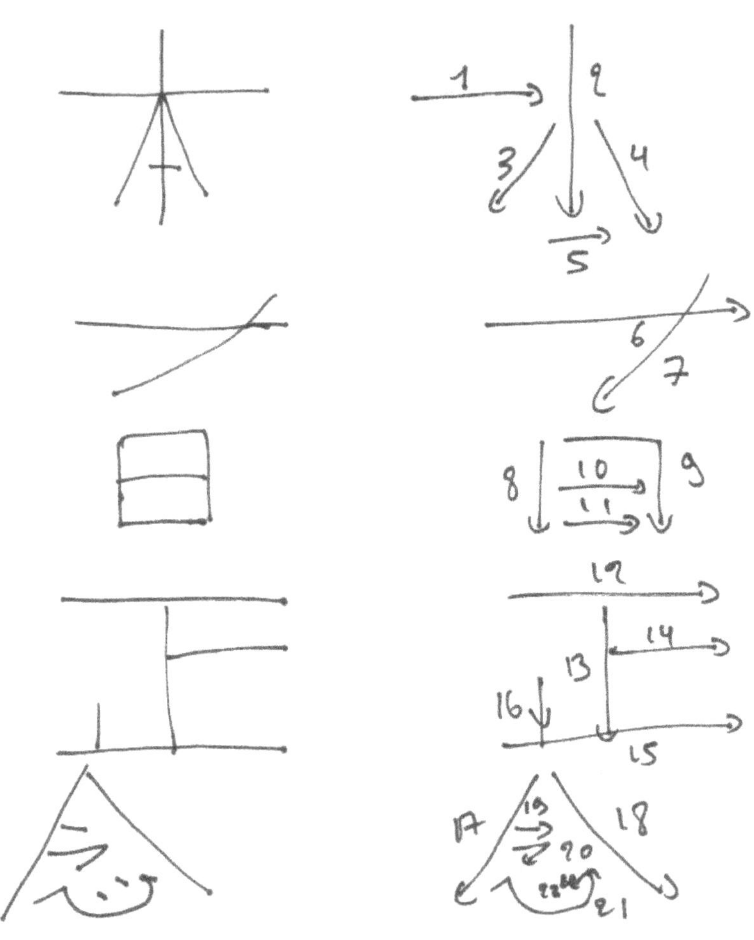

Variantes

On rencontre Hon sha ze sho nen sous de nombreuses formes, quand même assez différentes les unes des autres, mais dont la plupart sont encore reconnaissables. Je rappelle que le symbole que je transmets provient d'une lignée qui ne passe ni par Takata ni par Hayashi mais par un autre élève de Usui.

Cette forme est très intéressante car elle maintient visibles et distincts les cinq «mots», ou plutôt caractères, qui constituent une phrase écrite de haut en bas, en kanji. Je le trouve en cela plus facile à mémoriser et à visualiser. En effet, un débutant peut le visualiser morceau par morceau, c'est-à-dire visualiser chacun des cinq caractères un à un. Le symbole comporte cinq caractères, hon, sha, ze, sho et nen, de haut en bas.

Sens du symbole

HSZSN existe sous une forme mantra légèrement différente du symbole que vous trouvez ci-dessous.

En reïki on utilise le symbole mais les deux sont équivalents.

HON signifie essence- racine- vrai – essentiel- vraie nature (de bouddha)

SHA signifie « une personne, quelqu'un. » Une partie du pictogramme signifie aussi sagesse.

ZE signifie être, est ici et maintenant.

SHO signifie « correct », juste

NEN signifie « pensée, prière, souhait, intention, la conscience »

<u>Traductions possibles :</u>

On peut proposer diverses traductions de la phrase que constituent les caractères composant le symbole HSZSN. Il faut se souvenir cependant que traduire une langue écrite en pictogramme est très difficile. Non seulement les caractères ne sont pas des mots, mais des signes, qui expriment une idée, mais il n'y a pas une grammaire telle que dans les langues européennes. Il n'y a pas de temps, par exemple.

Voici plusieurs tentatives de traductions :

« Le cœur de ma pensée va de droit naturel et divin à ton être essentiel. »

« Un souhait juste est transformé en énergie réparatrice qui de sa propre sagesse atteint l'être essentiel. »

« L'intention correcte permet le contact véritable avec une personne au niveau de sa nature de bouddha.» (ma proposition)

« La nature originelle d'une personne authentique réside dans l'ici et maintenant du coeur-conscience. » (traduction de Patrice Gros)

« La véritable nature est la conscience juste. ».

Utilisations

La phrase que l'on propose pour résumer le sens de HSZSN est « mon bouddha salue ton bouddha » ou « je salue ton essence divine ».

Le symbole est appelé symbole de connexion, car il permet de se connecter à distance. Il est utilisé pour pratiquer des séances de reiki à distance en particulier, mais aussi pour traiter les situations ou d'autres «objets» abstraits.

Avec HSZSN, le contact entre les êtres se fait au niveau de la nature de Bouddha, là où il n'y a aucune séparation, ni espace, ni temps.

HSZSN nous propose de nous situer à ce niveau de conscience et de connaître la non-dualité, la non séparation.

Quand on pratique un soin à distance, dans l'idéal il ne doit pas y avoir de ressenti de séparation entre le donneur et le receveur. C'est ce sentiment d'unité, qui exige un état de conscience élevé, qui permet la pratique à distance dans les meilleures conditions, la plus efficace.

Ce sentiment devrait être également présent dans la pratique en direct, car il n'y a pas de différence à ce niveau.

HSZSN est le symbole de la sagesse discriminante, celle qui permet de percevoir cet état de non-séparation[8], celle qui connaît l'univers entier et tout être dans sa vraie nature, identique à la nôtre.

Tout comme SHK, en occident, HSZSN est souvent utilisé suivi de CR, mais cela n'est pas du tout une obligation.

---

[8] La séparation est une illusion.

Conclusion

Hon Sha Ze Sho Nen est utilisé pour s'aider dans l'intention de se connecter (à une personne, une situation, un problème, etc) quel que soit la distance, le temps. On l'utilisera donc dans toutes les pratiques à distance ou sur des objets non concrets.[9]

C'est **un symbole de sagesse,** CKR est celui du pouvoir, SHK celui de l'amour.

Ainsi ces trois symboles reïki réunis forment la trinité parfaite pouvoir, amour et sagesse.

---

[9] cf Tout cela est expliqué plus loin.

8 - Méditation traditionnelle sur les symboles

Voici une méditation sur les symboles inspirée de la pratique kuji-no-in, pratique ésotérique du bouddhisme shingon, auquel Mikao Usui s'était converti.

L'essentiel consiste à visualiser les symboles. Dans la pratique complète on utilise la pensée par la visualisation, la parole par la récitation des mantras et l'action par la pratique des mudras (gestes sacrés). Il s'agit donc ici d'une pratique simplifiée pour les praticiens reïki.

1. Mettez-vous en position de méditation et créez le calme mental.[10]

2. Imaginez, visualisez mentalement HSZSN devant vous.

3. Faites-le venir mentalement au dessus de votre tête.

4. Puis faites le descendre le long de votre colonne jusqu'à votre cœur.

5. En gardant le symbole dans votre coeur, récitez le nom ou le kotodama de HSZSN un moment (assez longtemps).

Faites de même avec les autres symboles. Prêtez attention aux différentes sensations que cet exercice vous procure, et à d'éventuelles différences en fonction du symbole utilisé.

Cette méthode peut être pratiquée pendant les soins. Après avoir visualisé le symbole, vous le projetez sur le receveur, au lieu de le faire descendre dans votre cœur.

---

[10] La méditation a du vous être enseignée dès le premier degré.

<u>Remarques</u> :

Dans le cas de HSZSN, afin de faciliter la visualisation pour les débutants, il est possible de visualiser chaque partie du symbole une à une. D'abord, visualisez hon, ensuite, sha, puis ze, etc. Une fois que vous «savez» que le symbole est là devant vous en entier, peu importe si vous n'arrivez pas à le voir en entier, ou même si vous n'arrivez plus à le voir. Vous savez qu'il est là, continuez l'exercice en imaginant que vous l'amenez au-dessus de votre tête, etc.

L'imagination est une façon d'utiliser notre mental à notre bénéfice.

9 - Kotodamas/Jumon

Définition :

Il existe au Japon une tradition des kototamas transmise par lignée. Les kototamas ou jumon sont des lignes de sons sacrées, qui sont sensées avoir un pouvoir effectif, réel, quel que soit la personne qui les prononce. La transmission de ces kototamas est donc très «réglementée» et c'est un apprentissage qui demande de longues années.

En reïki, on parle des kotodamas du reïki. Ce sont également des lignes de sons.

Ces kotodamas viennent de Usui. Mais Usui n'était pas initié dans la pratique des kototamas. Ces kotodamas ne sont donc pas des kototamas au sens traditionnel, ce sont cependant des lignes de sons qui, prononcées avec une intention, ont un effet réel, mais l'effet dépendra de la personne qui les utilise.

Pour être tout à fait claire, à ce jour je n'ai aucune information précise sur l'origine et la création de ces sons bien que de nombreuses personnes les enseignent.

A vous de tester et de voir ce que vous en pensez.

Il existe un kotodama pour chaque symbole reïki traditionnel, soit quatre au total.

Nous parlerons ici des trois qui correspondent au second degré.

Il est dit que Usui utilisait et enseignait les kotodamas. Les symboles seraient probablement (aucune certitude en la matière) arrivés après, pour des élèves qui en avaient besoin.

Les trois kotodamas du second degré

<u>Kotodama de focalisation :</u>

Ho ku ei

Il correspond à Cho Ku Reï.

Prononciation (transcription phonétique pour la langue française) : oo cou eil ii

<u>Kotodama d'harmonie:</u>

Ei ei ki

Il correspond au symbole Seï He Ki.

Prononciation : eil ii eil ii kii

<u>Kotodama de connexion:</u>

Ho a ze o ne

Il correspond à HSZSN :

Prononciation : oo aa zei oo nei

En pratique

Mettez vous en position de méditation.

Il est recommandé de chanter les kotodamas avec une voix grave et profonde.

Faites-le pour de bon.

A l'expiration, expirez le son du kotodama.

Essayez de répéter trois fois le kotodama sur le temps d'une expiration.

Ce son remplit votre corps, qui semble vibrer avec lui.

Quand les circonstances l'imposent, vous pouvez aussi les chanter dans votre tête, par exemple pendant les soins.

Utilisation :

Les symboles peuvent être remplacés par les kotodamas dans leurs usages courants.

L'effet de l'utilisation des kotodamas semble être approximativement le même que celui des symboles. Certains trouvent cela plus puissant. J'ai personnellement une préférence pour l'utilisation des kotodamas plutôt que celle des symboles, et surtout de leurs noms (on peut visualiser un symbole et répéter le kotodama au lieu du nom du symbole).

L'usage des kotodamas est facile puisqu'il n'y a rien à dessiner, ni à visualiser, mais seulement des sons à répéter, de vive voix ou bien intérieurement.

Il est très simple par exemple de marier les kotodamas avec joshin kokyu-ho (à l'expiration, on chante le kotodama choisi).

Cette pratique ressemble bien sûr à la répétition des noms des symboles, cependant je trouve cela plus puissant. Faites vous-mêmes l'essai, expérimentez.

Les kotodamas semblent agir à un niveau plus profond.

Je ne suis pas japonaise et encore moins une spécialiste des kotodamas. Leur utilisation principale me semble être méditative.

Je pense que les sons ont de réels effets sur notre corps et notre état d'esprit, du fait même de leurs vibrations spécifiques. La répétition de sons bien choisis, tout comme le fait de regarder un mandala, induit une modification de l'état de conscience et des connexions entre les neurones.

74

PARTIE III : TECHNIQUES DE SECOND DEGRE

1 - Pratique du reïki à distance

Pour beaucoup en occident, le principal intérêt et la grande nouveauté du second degré est la possibilité de réaliser des séances à distance. C'est même ce qui fait passer le second degré pour un degré plus puissant, et donc, logiquement, plus cher.

Tout d'abord, je tiens à dire, au risque de choquer, qu'**il est possible de pratiquer le reïki à distance au premier degré.** Ni les reiju[11], ni les symboles, ne vous donnent le pouvoir de le faire. C'est quelque chose que l'on peut faire si les conditions sont remplies, c'est à dire si l'on a confiance que c'est possible, si l'on a une idée de la façon dont on doit s'y prendre et si l'on est capable de se mettre dans l'état de conscience adéquat. Il y a beaucoup d'élèves de premier degré qui y parviennent et aussi des élèves de second degré qui n'y parviennent pas, en particulier parmi ceux qui suivent les stages de reïki occidentalisé.

Si vous avez une façon de voir très cartésienne, vous pouvez douter au début que les séances à distance soient possibles. De nombreux élèves croient sans problème que quelque chose se passe quand on pose les mains, mais lorsque l'on aborde la pratique à distance, cela devient plus difficile pour certains. Cependant, cela fonctionne très bien, et vous avez du constater pendant l'entrainement en stage, que votre receveur a sans doute eu des sensations, tout comme vous quand vous avez inversé les rôles.

En réalité, contrairement à ce que beaucoup pensent, l'intérêt principal de la pratique à distance n'est pas de pouvoir

---

[11] transmission d'énergie, cf manuel de reïki premier degré

«soigner» les autres sans contact, puisque cela n'est pas permis au second degré, mais bien d'avoir de nouveaux moyens de travailler sur soi. Cependant, pendant le stage second degré et dans ce manuel, nous étudierons d'abord la simple pratique à distance, puis ses usages courants pour le développement personnel, car c'est ainsi qu'il faut apprendre : commencer par un objet concret puis passer à un objet abstrait.

La pratique du reïki à distance peut vous aider à comprendre le reïki. Cette pratique vous permet de toucher de plus près l'essence du reïki car elle ne repose plus sur l'imposition des mains : nous sommes à l'essence de ce qui se passe. Comment ça fonctionne ? Quelle différence entre reïki en direct et reïki à distance ? Ce sera à vous de répondre à ces questions essentielles pour la suite.

Raisons et circonstances de la séance à distance pour une personne

J'aborderai donc en premier lieu comment devrait se passer une séance à distance proposée par un praticien de niveau shinpiden, mais aussi une séance d'entrainement entre deux élèves de niveau okuden. Il est important que la pratique du reïki à distance se fasse de façon aussi éthique et responsable qu'en direct. Je dirais même qu'il faut faire encore plus attention. En stage, je passe une matinée entière à expliquer les conditions de la séance à distance.

<u>Pourquoi ferions-nous une séance à distance ?</u>
Vous pensez que la réponse à cette question est évidente ? Détrompez-vous. Cela mérite vraiment d'y réfléchir. Beaucoup trop de personnes pratiquent des séances à distance «à la légère» et cela peut avoir de fâcheuses conséquences.

Les séances à distance peuvent être proposées[12] quand il est impossible de se déplacer. Je devrais plutôt dire *«les séances à distance peuvent être proposées quand la séance est indispensable et qu'il est totalement impossible que le receveur la reçoive en direct, que ce soit de notre part ou par un autre praticien»*.

Dans ce manuel je ne pourrai pas développer autant mon propos qu'en stage. C'est un manuel, un pense-bête. Je vais donc résumer rapidement ce qui me fait écrire cela.

Donc la chose à retenir, c'est qu'on ne va jamais proposer une séance à distance si une séance en direct est possible. Cela me paraît évident, mais pas à tout le monde. J'ai pu constater malheureusement que certaines personnes considèrent que la

---

[12] par des praticiens de niveau shinpiden

séance à distance peut remplacer la séance en direct, voire qu'elle est meilleure. J'ai aussi observé que certains enseignants, de ce fait, n'avaient quasiment aucune expérience des séances en direct, ce qui est très fâcheux. Beaucoup d'entre eux n'ont aucune expérience valable de l'accompagnement des personnes.

Il ne faut pas oublier que *même si la séance à distance est efficace, elle n'est pas tout à fait équivalente à une séance en direct.*

En effet, il n'y a pas de contact physique, et la relation d'aide est extrêmement limitée. C'est un premier point important. Négliger l'impact du contact physique, ou de l'échange entre le receveur et le praticien, est une grosse bétise. Les aspects psychologiques sont primordiaux en matière d'aide et de transformation personnelle. Croire qu'on va bien s'occuper de quelqu'un en lui «envoyant» de l'énergie à distance, c'est ne pas avoir conscience de la réalité de ce qui est nécessaire à la transformation d'une personne.[13]

D'autre part, ce genre de pratique ne permet pas à chacune des parties de s'impliquer correctement afin que les conditions soient réunies pour un bon travail d'accompagnement. Beaucoup de personnes pratiquent le reiki comme quelque chose de mécanique, ne les impliquant pas. C'est une manière totalement pervertie de pratiquer le reïki. C'est le résultat d'une pratique reïki occidentalisée et simplifiée, qui fait croire que l'on peut réciter sa liste de course pendant qu'on pratique. Depuis le premier degré, vous avez du bien comprendre

---

[13] Les personnes qui veulent en savoir plus peuvent lire mon quatrième ouvrage, qui parle de la relation d'aide, de la transformation, de l'accompagnement, et des soins.

l'importance de votre présence, de votre intention, et de votre état d'esprit pour la pratique.

De la même manière, les séances à distance sont souvent demandées par des personnes qui ne souhaitent pas s'impliquer dans une vraie démarche de changement. Après tout, il n'y a pas à se déplacer, et beaucoup de demandeurs pensent qu'ils n'ont rien à perdre à essayer une séance de reïki à distance. Cela ne va pas du tout. Il est nécessaire que l'implication soit grande pour les deux parties.

C'est pourquoi je pense que les séances à distance sur des personnes devraient être extrêmement rares. Il existe quelques cas où on peut les envisager. Avant cela il faudra se poser de nombreuses questions, en particulier pour vérifier que cette pratique est indispensable et que l'implication de chacun est suffisamment grande.

Ainsi, on peut proposer une séance à distance de temps en temps en plus des séances en direct, en particulier en cas de grave problème. Il faut bien sûr garder à l'esprit que, comme pour la séance reïki en direct, on ne peut pas prédire les effets de celle-ci, et que ces effets ne seront pas forcément agréables, et encore moins ceux qui seraient souhaités par le receveur ou le praticien. Il faut être apte à assumer ces conséquences et sa responsabilité.

<u>Conditions</u>

Dans tous les cas, des conditions pratiques doivent être respectées. Vous devez prendre un rendez-vous avec le receveur, lui dire que cela aura lieu à telle heure tel jour, et lui doit à cette heure-là se mettre en position de réceptivité, allongé par exemple, dans un état de relaxation ou de méditation. Il ne doit rien faire d'autre à ce moment. Ainsi il sentira mieux la séance et cela lui demandera de s'impliquer un peu. Demandez-lui de vous tenir au courant des effets de la séance, par exemple en vous envoyant un email ou en vous téléphonant après la séance pour vous dire ce qu'il a ressenti. Si la séance a lieu le soir et que le receveur s'endort cela peut se faire le lendemain matin.

Poursuivez les séances si et seulement si le receveur respecte ces conditions. Même si vous aviez prévu de pratiquer plusieurs séances, interrompez-les dès que le receveur ne respecte pas ses engagements

Tous ces conseils valent pour des personnes au niveau shinpiden et doivent vous permettre de bien comprendre qu'on ne peut pas faire n'importe quoi. Pour mes élèves de niveau okuden, le plus important est sans doute d'apprendre à dire «non» quand on leur demande une séance de reïki, que ce soit en direct ou à distance.

Quelle que soient les circonstances, n'oubliez surtout pas la base de la pratique du reïki : Ne rien vouloir, ne rien attendre, ne rien penser, juste souhaiter que tout se passe le mieux possible, être bien présent et laisser faire.

Principe de la pratique à distance:

La pratique à distance se passe de tout contact, c'est une pratique qui a lieu en dehors de l'espace et du temps, au niveau de la nature essentielle de la personne, au niveau où il n'y a plus aucune séparation.

Pour le moment cette notion reste peut-être abstraite pour vous, alors il vous faudra pratiquer un certain temps, d'abord avec les symboles reïki, pour progresser dans votre compréhension.

Pour pratiquer à distance, vous devez tout simplement vous mettre dans l'état méditatif le meilleur dont vous êtes capable. Ensuite vous devez vous connecter à la personne, puis souhaiter que tout se passe le mieux possible, que la personne reçoive ce dont elle a besoin.

L'énergie qui est reçue dépend à la fois du receveur et de votre capacité à transmettre l'énergie. Les séances à distance ne sont pas en cela différentes des séances en direct. Elles sont en revanche très différentes par le contexte dans lequel elles ont lieu.

Là encore, il y aura des différences entre les praticiens. L'important reste d'avoir confiance, pour que votre intention soit claire. A ce stade, si on doute, cela ne fonctionne pas ou peu. Mais c'est également le cas en direct. D'une façon générale, une fois la connexion établie à distance avec le receveur, tout ce qui peut être pratiqué en direct peut l'être à distance... en mettant de côté les contacts, paroles, échanges, bien entendu.

Différentes méthodes pour la pratique à distance

Il existe différentes méthodes «pratiques» pour le reïki à distance. En réalité chacun peut inventer la sienne, mais vous pouvez vous inspirer de ce qui suit pour réaliser vos séances d'entrainement.[14]

---

[14] pratique à distance avec un autre élève qui a suivi le stage okuden zenki.

En général, il est utile de visualiser la personne qui doit recevoir la séance. Voici quelques idées sur la façon dont vous pouvez vous y prendre :

- Mettre vos mains l'une en face de l'autre à une dizaine de centimètres et visualiser votre partenaire entre vos mains. La séance ainsi agit de façon globale sur la personne.

- Faire de même en fermant les yeux et en voyant la personne dans votre tête. (je préfère cela)

- Utiliser un ours en peluche pour matérialiser le corps de l'élève qui reçoit la séance à distance. On décide que ce nounours représente cette personne, et on peut faire varier les positions de mains comme en direct. C'est très pratique pour les personnes ayant des difficultés à visualiser, mais à mon avis ce n'est pas une très bonne méthode.

- Fermer les yeux et visualiser la personne étendue devant vous. On peut ainsi placer les mains aux endroits nécessaires, comme en direct. On peut pratiquer byosen et reiji-ho de la même manière qu'on le fait en direct, comme vous l'avez appris au premier degré.

- Utiliser ses cuisses en imaginant que le genou est la tête, la cuisse le tronc, l'aine les membres inférieurs, la droite étant le ventre et la gauche le dos par exemple

- Mettre ses mains sur son corps à soi pour envoyer une séance après avoir fait les symboles bien sûr et avoir bien vérifié que vous êtes connecté à la personne. Ce n'est pas si facile que ça

- Vous pouvez aussi utiliser une photo et écrire le nom de la personne derrière, ou écrire le nom sur un papier. Les couleurs de l'encre et du papier n'importent pas (je précise car j'ai déjà entendu des questions à ce sujet). Tenez la photo entre vos deux mains à plat.

L'essentiel est dans l'intention. Quelle que soit le rituel que vous utiliserez, vous devez en tout premier lieu penser à ce que vous aller faire, dans quel but, et pour quelle raison. Penser que vous allez pratiquer le reïki pour telle personne. Ensuite choisissez parmi les méthodes ci-dessus et soyez confiant. Dans tous les cas, vous savez à qui vous destinez cette séance de reïki donc l'univers aussi, ne vous inquiétez pas. Il n'est pas besoin de demander son numéro de téléphone ou de sécurité sociale au receveur, inutile de multiplier les renseignements. Soyez confiants, c'est essentiel.

Utilisation des symboles pour la pratique du reïki à distance :

Pour vous aider avec cette nouvelle pratique sans support, vous pouvez utiliser les symboles transmis par Usui. La plupart des gens les utilisent comme suit :

- Tracer ou visualiser HSZSN et le prononcer suivi du nom de la personne. Faire cela trois fois.

- Tracer CKR et le prononcer 3 fois.

Avec ce rituel, vous pouvez utiliser n'importe laquelle des méthodes que j'ai décrites plus haut.

NOTE : il est important de bien vous rappeler que le procédé que je viens de décrire n'a rien d'obligatoire et encore moins de magique. C'est une façon comme une autre de pratiquer, qui fonctionne si vous l'utilisez pour focaliser votre intention et votre attention. D'un certain point de vue, cela fait très «recette de cuisine», et ce fut d'ailleurs ma réaction lorsque l'on m'a conseillé de faire ça, au niveau second degré. On ne peut pas dire que cela me semble très naturel. Mais c'est une aide pour de nombreuses personnes. Il faut simplement se souvenir que la réussite de la connection dépend de vous et non des symboles.

Une fois «le contact établi», la séance peut se dérouler comme en direct et vous pouvez bien sûr utiliser SHK et CR si vous en avez envie. Vous pouvez faire tout ce que vous faites en direct, simplement avec votre intention, éventuellement en le visualisant.

Durée de la séance à distance

Une séance de reïki, qu'elle soit à distance ou en direct, n'a pas de durée standard. Une séance en direct dure assez longtemps. La séance à distance dure le temps que vous voulez, selon ce que vous sentez pendant la pratique. Byosen et reiji-ho sont toujours de bonnes pratiques qui nous aident à savoir quand arrêter.

Il circule pas mal d'idées fausses à ce sujet. En particulier on entend dire qu'il ne faut pas que la séance dure plus de dix minutes. Personnellement je n'ai jamais fait une séance à distance de moins de vingt minutes, mais cela dure le plus souvent entre trente minutes et une heure.

Il n'y a bien sûr aucun danger à pratiquer des séances longues, ni pour le receveur ni pour vous. Le problème est la capacité des praticiens à se concentrer plus de dix minutes. En effet, il faut rester présent et attentif, comme dans toute séance de reïki. La visualisation par exemple n'est pas facile pour tous. Et on s'améliore avec l'entraînement.

Cependant, les symboles sont là pour vous aider. Soyez confiant dans la méthode que vous utilisez.

Pendant vos entrainements, rien ne vous empêche de dessiner plusieurs fois les symboles pendant la séance si cela vous rassure. Si vous avez l'impression de perdre le contact, refaites HSZSN + CKR comme au début, ainsi le contact sera renforcé. Vous pouvez le faire plusieurs fois, car à chaque fois, vous relancez votre intention d'être connecté à la personne qui reçoit la séance.

Ayez confiance en ce que vous ressentez. A un moment vous aurez l'impression que cela suffit, cessez la séance. Il suffit de penser que la séance à distance est terminée. Il n'y a rien de spécial à faire.

Sensations

Vos sensations devraient être les mêmes qu'en direct. Elles vous rassureront sur le fait que vous êtes bien connecté à la personne et en général si vous avez ces sensations, vous n'aurez pas de problèmes avec votre pratique à distance.

Comme nous l'avons vu au premier degré, il est fréquent de sentir dans son corps les endroits où il faut poser les mains. Cela est encore plus fréquent dans la pratique à distance. Cela arrive même parfois avant d'avoir tracé les symboles. En effet l'intention de se connecter à la personne est là avec la décision du soin et on peut en voir les effets très rapidement. Parfois on a tout un tas d'indications sur ce que fait la personne pendant la séance. Comme dans toute séance de reïki, on est en phase avec elle.

De son côté, la personne qui reçoit la séance peut avoir des sensations ou non. Là encore, ce n'est pas différent de ce qui se passe en direct, car certaines personnes sentent bien, et d'autres pas. Pendant les pratiques d'entrainement du second degré, tous les participants étant des élèves qui ont déjà une expérience du reïki, en général, le praticien et le receveur ont tous les deux des sensations pendant la séance à distance.

2 - Reïki pour des situations

Une fois que vous savez pratiquer le reïki à distance, il vous servira à travailler sur des objets abstraits, tels que des situations. Ce sera sa principale utilité car les élèves de second degré n'ont pas le droit de pratiquer sur des personnes en dehors de l'entrainement.

<u>Pourquoi pratiquer sur une situation ?</u>

Vous pouvez pratiquer le reïki sur une situation lorsque vous vous sentez coincé, qu'un problème vous préoccupe vraiment. Avec le niveau okuden, on utilise l'intention de façon plus spécifique qu'au niveau shoden pour travailler sur soi, tout en continuant à respecter les règles du reïki : ne rien vouloir, ne rien attendre, ne rien penser (pendant la pratique).

<u>Quel est le but de la pratique sur situation ?</u>

Le but principal de cette pratique est de changer votre état d'esprit, de vous apaiser. Si vous aviez totalement confiance dans la vie, vous n'auriez pas besoin de ce genre de pratique. Or, cette pratique est très utilisée. Lorsque vous faites du reiki sur une situation, l'effet immédiat est que vous vous sentez différent.

<u>Ce que le reïki sur situation n'est pas</u>

Ce n'est pas une baguette magique qui permettrait d'obtenir ce que vous voulez dans la vie. Ce qu'il ne faut surtout pas faire c'est pratiquer sur une situation dans le but que celle-ci tourne à votre avantage ou bien comme vous pensez qu'elle devrait tourner. Vous devez toujours respecter l'esprit du reïki, et donc ne rien vouloir, ne rien attendre.

Exemples:

- Votre fils doit passer son bac et cela vous angoisse. Vous ne pratiquez pas pour qu'il obtienne son bac, mais pour changer votre état d'esprit par rapport à la situation.

- Vous avez un divorce en cours, ça se passe mal et il y a de gros enjeux (garde des enfants, vente d'une maison, partage des biens, etc). De plus votre ex-conjoint est très agressif et cherche à faire durer le plus possible. Cela vous angoisse. Vous ne pouvez en aucun cas pratiquer le reîki sur situation pour gagner face à votre ex-conjoint ou que le jugement vous donne ce que vous voulez.

<u>Qu'est-ce qu'une situation ?</u>

Une situation est un problème qui vous concerne et peut quelquefois impliquer d'autres personnes. Ce n'est pas un problème général mais un problème précis, concret, avec plusieurs éléments en présence.

Exemple de ce qui n'est pas une situation : «mon problème de confiance en moi».

Exemple de situation : «ma relation avec mon collègue», «la nécessité de trouver une solution pour mon parent grabataire».

Une situation contient divers éléments, et vous devez obligatoirement en faire partie, être impliqué. En aucun cas on ne pratique pour avoir une influence sur la vie des autres. Il ne faut jamais pratiquer le reïki pour l'alcoolisme du tonton ou pour régler le problème d'un ami. Vous pensez que vous avez de bonnes intentions en vous mêlant de cela, mais non, cela n'est pas possible, c'est même «anti-reïki».

Limites à retenir

En reïki, on ne peut en aucun cas vouloir changer le monde ou influer sur la vie des autres. Le Usui Reïki Ryoho est une méthode pour travailler sur soi. Le développement personnel passe par un travail concret sur son vécu quotidien. Par conséquent le reïki sur situation en fait bien partie et représente un outil intéressant, mais beaucoup de personnes ont du mal à en respecter ses règles.

Lorsque vous pratiquer le reïki à distance pour qu'une personne guérisse vous ne pratiquez pas le reïki, car cette méthode impose de ne rien vouloir, penser, ou attendre.

Lorsque vous pratiquez le reïki sur situation dans le but que les choses «tournent» selon vos désirs, vous ne pratiquez pas le reïki. C'est l'égo qui dirige la pratique. Mieux vaut encore ne rien faire.

Lorsque vous pratiquerez le reïki sur situation, vous devrez être très attentif à cela. Le reïki sur situation doit vous permettre de lâcher prise. Lâcher prise est totalement incompatible avec toute tentative d'obtenir le résultat que l'on souhaite, même si celui-ci nous semble bon, voire le meilleur.

L'intention liée à la pratique reïki est toujours «que tout se passe le mieux possible». Dans la réalité, il faut se souvenir qu'on ne sait jamais ce qui est le mieux pour soi ct cncore moins pour les autres.

Exemple : vous avez repéré une maison que vous souhaiteriez louer. C'est urgent car vous devez bientôt quitter votre logement, vous avez donné votre préavis mais n'avez pas encore trouvé d'autre logement. Vous êtes tenté de pratiquer le reïki sur cette situation dans le but de signer le bail pour la maison que vous avez repérée. Eh bien non, ce n'est pas cela le reïki. Vous pouvez pratiquer le reïki sur cette situation afin de garder confiance et que tout se passe le mieux possible. Après tout, vous n'obtiendrez peut-être pas cette maison, mais qui sait, vous trouverez peut-être mieux.

Méthode pratique

Vous pouvez utiliser les symboles si vous le désirez. Ce n'est pas obligatoire mais c'est pratique, surtout au début.

Comment se connecter à une situation, qui est un objet abstrait et parfois vaste ? Cela peut paraître encore plus difficile que la pratique à distance pour une personne. Il faut penser à la situation, l'imaginer, comme vous le pouvez. Ensuite vous transmettez l'énergie pour cette situation, en continuant à penser à votre problème, et en restant «neutre» quand à ce qui pourrait se passer.

Utiliser les symboles peut vraiment être une bonne idée afin d'avoir un support et aussi d'éviter de laisser vos pensées aller à la dérive, ou même votre imagination se faire des films.

Procédé :

Utiliser HSZSN

HSZSN + la situation que vous résumez en une phrase (exemple : mon problème au travail) + CKR

SHK peut être utilisé avantageusement ensuite pour aider à apaiser et quand vous avez l'impression que tout est noué, sans issue.

SHK+ CR

Laisser passer l'énergie.

3- Soin mental

Le soin mental constitue également l'une des principales utilisations de la méthode reïki au second degré. C'est l'un des outils reïki les plus utilisés pour travailler sur soi. La méthode de Usui en compte pas mal. Une fois que vous avez suivi le stage okuden zenki, vous avez appris les pratiques suivantes : la méditation, la pratique de compassion, des TJR très importantes, l'imposition des mains sur vous-même, l'entrainement à la perception de l'énergie, le travail sur les situations et le soin mental.

Malheureusement, ce dernier est souvent négligé. Il devrait pourtant faire partie de la pratique courante, en particulier sur soi.

But

Le soin mental consiste à décider d'utiliser le reïki pour travailler sur des problèmes qui nous entravent. Dans ce cas, il ne s'agit pas de problèmes concrets, telle que la recherche d'une maison, mais de problèmes émotionnels, psychologiques. Il peut s'agir de mauvaises habitudes, de croyances que l'on a repérées[15] et qui nous font souffrir, de schémas de fonctionnement, etc. Si cela peut être fait pour les autres au niveau shinpiden comme nous l'avons pratiqué en stage pour apprendre la technique, vous devrez l'utiliser pour travailler sur vous-mêmes.

Les soins mentaux sont pratiqués avec des intentions variées. Ils ne se ressemblent pas, ni quant à leur objectif, ni quant à leurs effets. Certaines personnes se font un soin mental

---

[15] avec l'EXEM® en ce qui concerne mes élèves.

dans le but de se calmer, du fait du côté apaisant de tout soin reïki et en comptant sur les symboles (SHK) pour les y aider. Mais en général on se fait des soins mentaux pour travailler sur des problèmes précis.

Votre auto-traitement quotidien peut certains jours n'être constitué que du soin mental. En effet, malgré la longue liste de pratiques reïki à utiliser que j'ai citée plus haut, vous ne pourrez pas tout faire tous les jours. L'essentiel est de **tout pratiquer, surtout quand c'est utile de le faire et de pratiquer chaque jour**. Pour cela, bien entendu, les conseils de l'enseignant sont indispensables.

Principe

Les soins mentaux ne sont pas magiques, ils ne réalisent pas vos souhaits et ils doivent toujours être pratiqués pendant un certain temps. Veillez à les pratiquer plusieurs jours de suite, au minimum. Le résultat obtenu est souvent ce que j'appelle une lessive, ce qui n'est pas agréable. Il se peut que vous ayez des prises de conscience et des pistes pour aller plus avant dans votre travail de développement personnel.

Il s'agit toujours de pratiques reïki et vous devez toujours respecter les règles suivantes, qui sont la base du reïki, et ce qui en fait une pratique sûre (même si elle n'est pas toujours agréable) :

- ne rien vouloir

- ne rien penser

- ne rien attendre

C'est essentiel de le répéter au second degré, car ces outils, qui permettent d'avoir un usage plus spécifique du reïki, pourraient faire croire à certains que le but de tout cela est de se simplifier la vie en faisant de la magie pour obtenir ce qu'on désire.

Oh que non !

Il existe deux formes de soins mentaux : avec ou sans affirmation. Si vous utilisez une affirmation, évitez d'utiliser plusieurs affirmations pendant la même période.

AVERTISSEMENT : aucune de ces techniques n'est une technique magique. Ce n'est pas non plus de l'hypnose. Si une personne a un problème profond, complexe et ancien, cela ne fonctionnera pas forcément ou aussi facilement qu'on le souhaiterait. Ces techniques sont à utiliser pour favoriser un nouveau mode de fonctionnement ou de pensée. Elles doivent être intégrées à une démarche de développement personnel plus vaste.

Le soin mental sans affirmation :

C'est celui que j'ai pratiqué le plus souvent, même si on passe beaucoup de temps sur l'autre forme de soin mental en stage.

Le principe de ce soin mental est le suivant : vous avez repéré l'un de vos problèmes, probablement grâce à l'exploration émotionnelle [16], parfois vous en connaissez tous les tenants et les aboutissants, parfois non. Mais vous voulez vous en débarrasser. Vous faites appel à la pratique du reïki pour vous aider à opérer ce changement.

Votre intention est de pratiquer le reïki sur vous pour ce faire. Vous devez avoir toute confiance dans le fait que cela est tout à fait possible. Il faut simplement avoir confiance.

Méthode pratique :

Il suffit de vous installer confortablement comme pour tout auto traitement et de formuler l'intention de pratiquer un soin mental. En général on met ses mains sur sa tête pour le soin mental. Mais si on sent que son problème se situe ailleurs on peut mettre les mains à n'importe quel endroit du corps. Pour certains cela sera par exemple le coeur. Pensez à votre problème et souhaitez que la pratique vous aide à vous en débarrasser. Laissez l'énergie passer et imaginez que c'est comme un feu qui purifie ce que vous avez à purifier, par exemple. Ce n'est pas obligatoire de penser ainsi, mais cela peut aider.

Les effets du soin mental sont variés et imprévisibles, comme c'est toujours le cas en reïki. Selon où vous en êtes par

---

[16] outil que j'enseigne à tous mes élèves et qui fait partie de ma méthode de développement personnel AGI®

rapport à ce problème, vous pouvez avoir des émotions qui remontent, des causes qui viennent à votre conscience. Mais il n'est pas nécessaire que cela soit difficile ni de revivre son passé, par exemple.

Souvenez-vous simplement que la pratique du Usui Reïki Ryoho n'est pas magique et qu'elle ne vous épargnera pas de faire des efforts pour travailler sur vous. Pour régler ses problèmes il ne suffit pas de poser les mains sur soi et d'attendre que ça se passe. La démarche de développement personnel implique toute votre vie et demande une vigilance constante et le courage d'affronter ce qu'il y a en soi.

Si l'un de vos problèmes semble vouloir se régler à un certain moment de votre vie, si vous avez les souvenirs qui reviennent, si les situations que vous rencontrez dans votre vie vous ramènent à cela, vous savez que c'est le bon moment pour travailler dessus. Si vous vous sentez prêt à faire ce qu'il faut pour vous débarrasser définitivement du problème, faites ce genre de pratique de soin mental.

Si vous n'êtes pas prêt, travaillez pour devenir prêt, faites vous éventuellement aider.

<u>Protocole d'utilisation des symboles pour le soin mental :</u>

La méthode proposée ici n'est pas obligatoire, mais elle est couramment employée. Le symbole SHK peut être utilisé pour pacifier mais aussi pour purifier le mental, et l'émotionnel.

Ayez l'intention de pratiquer un soin mental. Si le soin a un objectif particulier, gardez à l'esprit cette intention.

Placez une main à l'arrière de votre tête.

Avec votre autre main tracez le symbole sur le dessus de votre tête ou sur votre front. Vous pouvez répéter le nom du symbole et le faire suivre de CR. Vous pouvez dire votre nom ou «SHK moi». Cette recette n'est pas obligatoire. Utilisez-la si cela vous aide. Le plus important reste l'intention de pratiquer un soin mental. SHK est une aide non négligeable.

Note : dans le cas d'un soin mental sur une autre personne comme on le pratique en stage pour s'entrainer, tracez SHK et dites (de vive voix ou intérieurement) le nom du receveur. Faites cela trois fois. Ensuite tracez CR trois fois également.

Donc en traçant les symboles voici ce que cela donne par exemple :

Seï hé ki Patrick Dupont

Seï hé ki Patrick Dupont

Seï hé ki Patrick Dupont

Cho ku reï cho ku reï cho ku reï

Posez une main sur le front du receveur, l'autre soit sur le sommet de sa tête, soit sur l'occiput. Laissez passer l'énergie.

Soin mental avec affirmation

Voici la deuxième sorte de soin mental. Elle n'est pas très différente de la première mais inclue l'utilisation d'une affirmation.

<u>Définition de l'affirmation :</u>

L'affirmation est une phrase toujours positive (de forme affirmative) et qui cherche à résoudre le problème.

Il est recommandé de passer du temps pour trouver cette affirmation et de bien la choisir. Comme vous avez pu le voir en stage, cela prend longtemps de trouver la bonne phrase, et cela nécessite d'être très perspicace quant au problème à régler. En général, mes élèves auront déjà pratiqué l'exploration émotionnelle et le regard chamanique avant de passer au soin mental, ce qui leur permet de bien la choisir. Il est essentiel que cette phrase convienne parfaitement et corresponde vraiment au problème de façon précise.

L'affirmation est l'expression du message positif que l'on veut envoyer à notre subconscient dans le but d'un changement.

<u>Règles de choix de l'affirmation :</u>

* Pas de négation

* Eviter d'évoquer un problème dans la phrase

* S'exprimer au présent ou à l'infinitif et non au futur

Exemple d'affirmation : «je suis parfaitement à l'aise avec les chiens » (pour quelqu'un qui aurait un problème avec les chiens) ou «je m'accepte tel que je suis » ou encore « je reste calme en tout circonstance ».

Techniques japonaises de soin mental avec affirmation

Deux techniques nous ont été transmises par Usui.

<u>Nentatsu-ho :méthode pour émettre un souhait</u>

Le mot nen veut dire pensée, souhait.

La technique est un soin mental qui consiste à envoyer un message positif au subconscient pour favoriser la réalisation d'un souhait.

- Choisir une affirmation positive en rapport avec son souhait.

- Se centrer pour la pratique du reïki, se détendre au maximum.

- Les mains sont posées sur le front, à la racine des cheveux (cf première position de mains pour la tête du Usui reïki ryoho[17]).

- Répéter la phrase dans sa tête pendant plusieurs minutes.

Exemple de souhait : je trouve l'énergie dont j'ai besoin.

Cela doit être réalisé avec la confiance que la pratique agit. Répétez le message sans émotion, juste avec confiance. Comme dans toute pratique du reïki, il ne faut pas être dans l'attente d'un résultat mais rester parfaitement confiant que tout se passe pour le mieux. Essayez de vous imprégner de cette affirmation. Cela ne signifie pas que vous pouvez utiliser cette technique pour obtenir tout ce que vous voulez, ou que tout peut être facile dans la vie si vous pratiquez ainsi.

---

[17] Manuel de premier degré reïki traditionnel

Attention, car l'un des pièges sur une voie spirituelle est de croire à la facilité et au «tout possible». Il faut absolument garder les pieds sur terre. Tout résultat demande des actions et la plupart du temps quelques efforts. Même si vous faites des pratiques énergétiques et même si vous avez la foi, votre maison ne se construira pas par magie, il faudra des maçons, etc. C'est pour tout comme ça.

Vous pouvez pratiquer cette technique pendant votre séance habituelle. Il faudra pratiquer plusieurs fois cette technique pour obtenir un résultat. La même affirmation doit être utilisée généralement de façon quotidienne pendant plusieurs semaines. Il est conseillé de ne pas utilisez plusieurs affirmations dans la même période.

Seiheki chiryo

Seiheki veut dire inclination, tendance.

Cette technique n'est pas très différente de la précédente, c'en est une variante et un complément. Une affirmation est également utilisée, dans le but de changer une mauvaise habitude.

- Une main est placée sur le front, l'autre sur l'occiput.

- On répète intérieurement son affirmation positive, un message positif avec une intention pure au subconscient, comme dans nentatsu-ho.

- La main du front est retirée et on ne garde que celle sur l'arrière de la tête.

- Cesser de répéter l'affirmation, laisser simplement le reïki passer, pendant au moins 5 minutes.

Vous pouvez intégrer cette pratique à votre auto traitement.

4- Travailler sur le passé en reïki.

Le travail sur soi consiste principalement à se débarrasser de son passé. Cela ne signifie pas que nos souvenirs doivent disparaître, mais que notre présent n'a pas besoin de dépendre de notre passé. Si vous avez souffert dans le passé, vous avez tout de même le droit d'être parfaitement heureux aujourd'hui et il faut absolument vous libérer de ce passé douloureux, afin qu'il ne vous appartienne plus et que vous puissiez agir en accord avec votre être profond et non à cause d'une programmation.

Au-delà des traumatismes auxquels on pense en premier lieu, tout vrai travail de développement personnel et toute voie spirituelle nécessite de se débarrasser de son histoire personnelle, fut-elle joyeuse. Ce sur quoi on travaille ne se limite pas aux événements douloureux, on doit se débarrasser de toute forme de conditionnement.[18]

Le travail sur le passé en reïki ne consiste absolument pas à envoyer de l'énergie qui remonterait le temps, comme certains l'imaginent. Non, le reïki n'est pas une machine à remonter le temps. Le passé n'a plus aucune existence réelle, et la seule chose qui existe est l'instant présent. Ce qui existe en vous, c'est uniquement les traces que votre passé a laissées et qui vous font agir de telle ou telle façon, vous créent des angoisses, etc... On peut parler de programmation, de conditionnement. Ces traces sont dans le présent, elles existent maintenant et c'est là-dessus qu'on doit agir.

Si vous connaissez des épisodes de votre vie qui vous ont marqué, qui ont laissé en vous des blessures, qui font partie des

---

événements qui ont inscrit en vous des croyances qui vous font souffrir, vous pouvez travailler sur ces événements avec le reïki. Etant bien entendu qu'en fait vous allez travailler à effacer les traces laissées par ces événements.

A ce moment-là vous pouvez pratiquer le reïki à distance pour ces événements avec l'intention de vous en débarrasser. Il se peut que vous viviez des moments douloureux, avec remontées d'émotions et de souvenirs. Il faut toujours garder à l'esprit que cela passera et que ce n'est que du passé. N'oubliez jamais, ayez l'intention de vous libérer de ces choses, de couper ces liens, d'effacer ces blessures et soyez confiant que cela est tout à fait possible. Si c'est trop difficile faites-vous aider. Sachez que généralement tout se passe pour le mieux si c'est le bon moment. Vous pouvez utiliser les symboles ou non, exactement comme pour une autre séance à distance. Les soins mentaux ont tout à fait leur place, bien sûr, au cours de ce travail réalisé pour vous libérer de votre passé.

Il est important de bien comprendre que cette forme de travail ne peut se suffire à elle-même. Tous mes élèves savent que pour effacer leurs conditionnements, ils vont devoir utiliser plusieurs outils tels que les voyages chamaniques, la récapitulation, les soins mentaux, les pratiques de compassion, et surtout l'exploration émotionnelle. Mais aussi il savent qu'ils vont avoir besoin de recevoir des enseignements sur de nombreux sujets afin de prendre conscience de leurs conditionnements. Il est nécessaire de trouver les conditionnements avant de les transformer. Il faut aussi comprendre qu'il est presque toujours nécessaire d'avoir regardé en face ce dont on veut se débarrasser avant de pouvoir le faire. On ne peut pas se débarrasser d'une souffrance qui n'a pas été reconnue et accueillie, ou à laquelle on est attaché.[19]

La pratique reïki ne peut être conçue comme un moyen facile et magique de changer. Si vous ne faites pas assez d'efforts pour trouver et transformer vos conditionnements, vous ne changerez pas. Je vois parfois des personnes qui disent avoir le niveau enseignant, qui pratiquent depuis 20 ans, et pourtant ont encore tout leur problème. C'est symptomatique du reïki occidental et de la mécompréhension de la méthode.

<u>Avertissement :</u>

Je déconseille de traiter systématiquement tout son passé. Il est important dans la guérison de respecter le bon moment pour chaque chose. Ainsi, il vaut mieux traiter les événements passés au moment où ils se manifestent dans notre vie, reviennent à la conscience. Les personnes qui traitent toute leur vie en commençant par la naissance ressentent souvent beaucoup de désagréments. Au-delà de cela il est tout à fait inutile de traiter tout son passé ainsi car les choses ne peuvent se dénouer dans un ordre chronologique ; elles se dénouent selon un ordre de lien entre elles.

---

[19] Ce qui est fréquent.

5 - Traiter le futur

On ne peut pas traiter le futur car il n'existe pas. En réalité, tout ce qu'on peut faire c'est pratiquer le reïki sur des situations qui nous angoissent et qui nous apparaissent futures comme un rendez-vous ou une intervention chirurgicale. Dans ce cas, l'énergie ne voyage pas dans le temps. En réalité on travaille sur une situation présente et on se prépare à ce qui pourrait se passer. C'est exactement la même chose que pratiquer sur les autres situations, comme chercher une maison ou un emploi. Il ne s'agit pas de traiter le futur comme on le dit dans le reïki occidental.

PARTIE IV : TECHNIQUES JAPONAISES DE REÏKI

Introduction

Normalement, toutes les techniques japonaises apprises au stage shoden doivent avoir été pratiquées suffisamment pour que vous ayez bien progressé. Traditionnellement on autorise à aller au niveau okuden les élèves qui savent bien pratiquer byosen et reïji-ho. Dans la réalité ce n'est pas toujours le cas, mais j'accepte en stage les élèves qui ont bien travaillé sur eux et qui ont pris confiance dans leur pratique reïki, afin qu'ils puissent bénéficier des nouveaux outils du niveau okuden zenki.

Toutes les TJR du premier degré sont pratiquées à nouveau pendant le stage okuden Zenki, certaines en enchaînement avec de nouvelles techniques, certaines pendant les séances.

1 - Révision des techniques du premier degré

Méditation gassho

La méditation gassho est traditionnellement pratiquée matin et soir, pendant les reiju, et avant chaque séance de reïki. C'est une technique de méditation simple.

La méditation fait partie du Reïki, mais vous n'êtes pas obligé de pratiquer cette technique de méditation en particulier, et je vous incite à conserver toute pratique méditative qui vous convient bien. Vous trouverez les autres techniques de méditation pratiquées pendant le stage au chapitre consacré à la méditation.

Il existe de très nombreuses techniques de méditation et l'important est d'en trouver au moins une qui vous convient pour débuter. Vous pouvez essayer la méditation gassho : cette technique est très simple.

Asseyez-vous le dos droit sur un coussin de méditation ou sur les genoux (position traditionnelle).

Placez vos mains jointes en prière devant vous, à la hauteur de votre cœur ou un peu plus haut. Quand vous expirez par le nez, le souffle doit toucher le bout de vos doigts.

Fermez les yeux.

Placez votre attention sur le point de contact entre vos deux majeurs.

Ce point de contact, qui doit être le plus petit possible (le bout des doigts et non toute la surface des doigts), constitue l'objet dans cette technique de méditation.

La position des mains en prière est un geste d'humilité et favorise l'ouverture du coeur. Si au bout d'un moment vous êtes fatigués de tenir vos mains ainsi, vous pouvez les descendre sur vos jambes, tout en les gardant jointes.

Pour de plus amples explications sur la méditation et le calme mental référez vous au chapitre de ce manuel consacré à la méditation, à mon livre sur le sujet, ou au stage «calme mental». Une rubrique est également dédiée à ce sujet sur le forum.

Byosen reikan-ho

On appelle souvent cette technique le scanner.

C'est l'une des deux méthodes traditionnelles pour trouver où mettre les mains pendant une séance de Reïki. Ces techniques sont utilisées aussi bien sur soi, que, plus tard, sur les autres. L'entrainement a lieu sur les autres étudiants pendant les stages et les réunions.

Il s'agit en quelque sorte de « scanner » le corps du receveur pour détecter les endroits nécessitant un traitement, ou tout simplement les meilleurs endroits où placer les mains.

<u>Un peu de vocabulaire</u> :

1. Le mot byosen se traduit par «ligne malade». C'est « la trace énergétique de la maladie ou du problème». Sur le plan énergétique, il y a une différence entre un endroit sain et un endroit malade ou présentant un problème. C'est ce que nous détectons avec cette pratique en utilisant nos mains.

2. Le mot hibiki correspond aux sensations ressenties lorsque l'on trouve un byosen avec la main. Ces sensations vous sont personnelles, individuelles.

Note importante : un byosen ne correspond pas toujours à une maladie physique mais peut être le signe d'un blocage émotionnel ou autre problème non physique. Quoi qu'il en soit, le praticien Reïki ne doit en aucun cas chercher à savoir à quoi correspond ce qu'il trouve. Pas d'interprétation, et encore moins de diagnostic. La seule raison de pratiquer byosen est d'essayer de réaliser la meilleure séance Reïki possible pour cette personne, ce jour-ci et à cet instant. Il s'agit simplement de trouver où poser ses mains, puisque cela peut être n'importe où et dans n'importe quel ordre, chaque séance étant différente des autres.

<u>Comment pratiquer byosen</u> :

Lorsque l'on pratique sur une autre personne, celle-ci est allongée sur un matelas devant nous, et nous sommes assis auprès d'elle. Vous êtes libre de choisir la main que vous voulez pour pratiquer. On passe la main au-dessus du corps à la recherche de sensations différentes.

• Avant toute chose pensez à vous centrer en pratiquant gassho .

• Placez une main au-dessus du sommet de la tête du receveur afin de   sentir son énergie. Soyez attentif aux sensations dans votre main.

• Ensuite, faites descendre votre main doucement à quelques centimètres au-dessus du corps en restant à l'écoute de vos sensations. Vous percevrez peut-être des changements, telle une différence de «consistance», un fourmillement, de la chaleur, du froid, des picotements, de la pression, un engourdissement, un chatouillement, une attraction, une répulsion. Les sensations perçues   constituent l'hibiki. C'est la différence dans les sensations qui indique qu'il y a un byosen.

• **Posez la main**, ou même les deux, à l'endroit où vous avez senti l'hibiki. Pratiquez joshin kokyuu-ho. Pratiquez le Reïki !

• Continuez jusqu'à ce que vous sentiez un changement clair au niveau des sensations (hibiki). Il n'y a pas de durée pour l'imposition des mains. Mais cela dure toujours plusieurs minutes au moins. Vous passez à la suite lorsque l'hibiki disparait ou change clairement.

Quand vous poserez vos mains à certains endroits, vous ressentirez peut-être une douleur. Cette douleur peut monter dans le bras. C'est simplement le signal que quelque chose ne va pas à cet endroit. Vous ne devez pas retirer vos mains mais au contraire continuer à traiter avec le reïki. La douleur disparaît progressivement.

On pratique le Reïki à un endroit jusqu'à ce que le byosen disparaisse, diminue ou change de façon significative.

Différents hibikis courants :

> • chalcur légère, un peu au dessus de la température du corps

> • chaleur importante, parfois à la limite   du supportable

> • fraicheur

> • picotements

• sensation pulsative

• douleur (qui remonte plus ou moins haut de la paume de votre main à son dos, à votre bras, à votre épaule)

• engourdissement

• vibration

<u>**Notes importantes**</u> :

1. Sentir une douleur, n'est pas prendre le mal du receveur et il ne faut pas souhaiter le prendre.

2. L'hibiki est une sensation et les sensations vous appartiennent. Il faut toujours, en toute circonstance distinguer perceptions et réalité.

3. Il n'y a pas forcément de lien entre la force du ressenti et la gravité du problème. On ne sent pas forcément un cancer plus fortement qu'une entorse.

4. Ne faites jamais d'interprétation de vos ressentis.

5. Comme vous avez pu le constater pendant le stage, votre ressenti est souvent différent de celui qui reçoit la séance. Evitez à tout prix de projeter ce que l'autre ressent. Si la séance est trop désagréable, la personne est libre de vous dire d'arrêter.

6. Cette technique a pour seul but de trouver où mettre les mains et en aucun cas de faire un diagnostic.

Kenyoku

On traduit kenyoku par « nettoyage à sec ».

Kenyoku est une pratique revigorante, énergisante. C'est une forme de nettoyage énergétique qui provient des arts martiaux.

On pratique généralement debout, jambes légèrement écartées, à largeur d'épaules. Mais cela peut aussi être pratiqué assis. **Kenyoku se déroule sur le temps d'une expiration**.

Inspirer profondément. Placer la main droite sur l'épaule gauche.

Puis **en expirant :**

a)descendez rapidement et énergiquement, comme pour vous épousseter, la main en diagonale jusque sur la hanche droite (1) ; placez la main gauche sur l'épaule droite et descendez en diagonale jusqu'à la hanche gauche (2) ; placez la main droite sur l'épaule gauche et descendez à nouveau jusqu'à la hanche droite (3).

b)placez la main droite (encore, faites attention) sur l'épaule gauche et descendez-la le long de votre bras gauche jusqu'au bout des doigts et au-delà (1) ; placez la main gauche sur l'épaule droite et descendez-la le long du bras droit jusqu'au bout des doigts et plus loin (2); placez la main droite (encore) sur l'épaule gauche et descendez-la le long de votre bras gauche jusqu'au bout des doigts et au-delà (3). Fin de l'expiration.

Prenez une inspiration puis recommencez tout.

Cet exercice doit être répété plusieurs fois de suite (de nombreuses fois). Il est conseillé d'alterner le frottement sur l'extérieur des bras et sur l'intérieur des bras. Les mouvements dérivent des arts martiaux et doivent être exécutés de façon dynamique, énergique. Un moment de gassho peut être pratiqué ensuite.

Il est bon de pratiquer kenyoku avant une séance de reïki. Vous pouvez le pratiquer à tout moment, seul ou en enchainement avec d'autres TJR. Cet exercice fait partie de l'enchainement hatsurei-ho pratiqué dans les réunions Reïki de Usui et enseigné au second degré.

Joshin-Kokyuu-Ho

La traduction de ces termes est « technique respiratoire pour nettoyer l'esprit » ou «nettoyage de l'esprit par la respiration».

C'est une technique essentielle au niveau shoden et pour la suite. Elle permet de renforcer notre système énergétique, de rassembler de l'énergie dans notre tanden, de développer les sensations de l'énergie et de rester attentif pendant toute la séance de Reïki. Elle aide ainsi à surmonter les principales difficutés des débutants. Il est conseillé de la pratiquer régulièrement, seule ou en enchainement avec d'autres TJR, et pendant l'imposition des mains. C'est une technique qui devient rapidement très naturelles et peut être pratiquée à maintes occasions, par exemple dans le train, ou en marchant.

Joshin kokyuu-ho utilise la respiration comme support pour l'énergie, de façon consciente. La respiration est liée à l'esprit, elle est un pont entre le corps et la conscience. Lorsque notre esprit est calme, notre respiration également, et vice-versa.

Lorsque nous respirons nous n'aspirons pas seulement de l'air mais aussi de l'énergie (prana, chi, ki, selon les pays).

Cette technique peut être réalisée assis ou debout, voire couché. Traditionnellement, elle se pratique assis, mais il est plus facile de sentir son tanden debout.

<u>Rappel sur le tanden</u> : dans le système énergétique sino-japonais, c'est le centre le plus important. Le tanden se situe dans le ventre, sous le nombril à une distance variable selon les personnes (de 2 doigts à une bonne main) : il correspond au centre de gravité. Il n'est pas nécessaire de connaître son emplacement précis pour pratiquer Joshin kokyuu-ho ou le Reïki.

Déroulement de joshin kokyuu-ho :

1. Tenez vous le dos droit. Respirez calmement et de façon normale, sans forcer.

2. A l'inspiration, placez le bout de la langue contre le palais, derrière les incisives supérieures.

3. Lorsque vous inspirez par le nez, imaginez que vous inspirez de l'énergie par le sommet de votre tête (Il n'est pas obligatoire de visualiser)

4. En inspirant, faites «descendre» l'énergie jusque dans votre tanden

5. Retenez votre respiration pendant un instant très court en imaginant que l'énergie qui «emplit» votre tanden se répand dans tout votre corps. Cela va très très vite, à la vitesse de la lumière.

6. Ramenez la langue à sa place habituelle, expirez, et en même temps imaginez que l'énergie sort par les paumes vos mains, vos pieds, ainsi que les bouts de vos doigts et de vos orteils.

7. Recommencez (plusieurs fois, cela peut durer jusqu'à 15 minutes)

<u>Note </u>: Pour un débutant on peut se concentrer sur les paumes des mains uniquement pour «faire sortir l'énergie».

C'est ainsi que vous faite circuler l'énergie en une sorte de circuit au rythme de votre respiration. La respiration doit rester naturelle, par le nez, et ne doit jamais être forcée. Si vous exagérez la respiration ou en augmentez le rythme, vous risquez un malaise. La respiration doit rester légère, calme et la plus naturelle possible. Quand je pratique cet exercice, cela ne se voit pas ni ne s'entend. Si vous pratiquez ainsi en gardant la respiration naturelle, il n'y a aucun risque. Pendant l'exercice, concentrez vous sur le trajet de l'énergie, et non sur la respiration, qui n'est qu'un support.

<u>Variantes :</u>

•Imaginez que l'énergie se répand dans tout votre corps et sort par tous les pores de votre peau. Sentez qu'il n'y a pas de différence entre l"intérieur et l'extérieur.

•Choisissez n'importe quel endroit de votre corps pour faire entrer et sortir l'énergie.

Cet exercice fait partie de l'enchainement de TJR nommé hastsurei-ho, qui est pratiqué pendant les réunions Reïki et enseigné au second degré. C'est l'une des pratiques de base dans la méthode de Usui.

Reïji-Ho

Reïji veut dire « indication de l'esprit ».

Voici la seconde technique traditionnelle pour trouver où placer les mains.

Elle est la base de la pratique intuitive du reïki.

On pratique reïji–ho   au début de la séance, avant de commencer. C'est une forme de «prière» qui va nous permettre d'écouter notre intuition et d'apprendre à lui faire confiance afin de savoir où poser les mains sur le receveur.

1. Assis à côté du receveur. Fermez les yeux.

2. Placez vos mains en gassho.

3. Centrez-vous comme avant toute séance de Reïki.

4. Pensez à l'intention que tout se passe le mieux possible pour la personne, pendant et après la séance. Lâchez prise, car vous ne savez pas ce que veut dire «le mieux possible».

5. Montez vos mains au niveau de votre front.

6. Demandez à recevoir une indication pour savoir où mettre vos mains.

7. Soyez à l'écoute de ce qui vient sans juger.

8.   Dès que vous recevez une indication, posez vos mains à l'endroit indiqué et commencez la séance.

9.   Soyez attentif aux sensations dans vos mains (hibiki)

10.   Rester en position jusqu'à ce que l'hibiki change.

11.   Même si vous avez des indications pour d'autres positions, restez dans votre position aussi longtemps que nécessaire.

Les «indications de l'esprit» peuvent revêtir plusieurs formes. Quelqu'un de visuel peut voir les parties du corps du receveur qu'il doit traiter, par exemple directement sur le corps de la personne avec des taches de couleur, ou bien il les voit devant ses yeux, ou il se voit en train de poser les mains à cet endroit.

Quelqu'un qui est auditif peut entendre les indications. Il est également très courant de sentir dans son propre corps les endroits où poser les mains. Simplement, on «sait» où il faut poser nos mains, avec une envie irrépressible de les mettre à un endroit.

Il ne faut pas s'attacher à la forme des indications. Si on ne reçoit pas d'indication, ou si ce n'est pas clair, il faudra s'entraîner à cette pratique. Attention cependant à ne pas tomber dans la «mentalisation» et le doute. Est-ce que je sens bien cela ? Est-ce que je n'imagine pas ? Est-ce que cela ne vient pas de moi (par exemple une sensation de douleur) ? De toute façon, il n'y a pas de danger à poser ses mains sur le corps à cet endroit ; quand bien même on se serait trompé. Il ne s'agit que d'entrainement, à votre niveau, et apprendre à «lâcher» est sûrement le principal à ce stade. Nous pratiquons entre nous en stage : c'est l'endroit idéal car toutes les personnes qui sont là partagent le même objectif.

Entrainement aux pratiques de byosen et reïji-ho:

Il est important de s'entrainer aux deux techniques : Byosen reïkan- ho et Reïji-ho. Quand on arrive à un certain niveau dans la pratique énergétique, les deux aspects développés par ces techniques sont aussi importants l'un que l'autre.

Maîtriser vraiment prend des années, et dépend surtout de votre travail de développement personnel, qui permettra entre autres de lever des blocages, d'améliorer votre capacité à être attentif et présent, et à lâcher prise (ne rien vouloir, ne rien penser, ne rien attendre). Ne soyez donc pas trop pressé. Vous progresserez petit à petit si vous travaillez sur vous et pratiquez les différentes techniques du Reïki régulièrement.

Nous avons maintes occasions de traiter l'intuition dans mes autres stages. Rappelez-vous que l'intuition est réelle quand elle coïncide avec la présence (au sens de la conscience) sans émotion ni volonté. Le risque pour un débutant est de confondre les peurs, les fantasmes, les souhaits, les émotions, les pensées, et les intuitions. Ce danger ne peut être totalement écarté que par un grand nettoyage : le travail sur soi qui mène à la libération personnelle.

S'entrainer pour Byosen est assez simple car toutes choses sont faites d'énergie. Vous pouvez expérimenter des sensations énergétiques variées non seulement avec les humains, mais aussi au contact des animaux (vos animaux de compagnie peuvent constituer des cobayes très intéressants pour votre pratique, s'ils sont d'accord), des plantes, des minéraux, des lieux.

Reïki syana-ho (la douche Reïki)

Méthode pour se sentir connecté et se purifier. Cette TJR peut être pratiquée assis ou debout.

Mettez vos mains en Gassho. Focalisez votre attention sur votre tanden et respirez calmement.

1. En écartant les mains, levez les bras vers le ciel (en V). Essayez de bien sentir l'énergie autour de vous (chaleur, vibration ou consistance, les sensations sont personnelles). Imaginez l'énergie qui descend sur vous sous la forme d'une douche de lumière ou de vibration. Sentez l'énergie emplir tout votre corps.

2. Baissez les bras devant votre corps avec les paumes face à votre visage. Essayez de sentir l'énergie qui émane de vos mains tout en continuant à sentir l'énergie partout autour de vous et qui arrive toujours sur vous. Imaginez que cette énergie fait comme une douche qui passe en vous, et qui entraine vos saletés vers la terre.

3. Quand vous êtes bien propre (ce jugement est très subjectif, et souvenez vous que vous referez cet exercice souvent), revenez en gassho.

2 - Nouvelles techniques de second degré

Seishin Toitsu (gassho kokyuu-ho)

C'est une technique respiratoire ressemblant à Joshin kokyuu-ho mais la respiration se fait à travers les mains.

Commencer en position gassho. Portez votre attention sur votre tanden.

En inspirant sentez ou imaginez que vous aspirez également l'énergie reïki par vos mains, à travers vos mains et l'attirez jusqu'à votre tanden.

Sentez l'énergie qui emplit le tanden puis se répand dans votre corps.

Expirer par la bouche et en même temps imaginer, sentir, visualiser, l'énergie ou la lumière qui sort de vos mains, par vos mains.

On sent l'énergie dans les mains, qui picote et chauffe.

Tout cela est à répéter plusieurs fois.

Mokunen : Méthode pour émettre une intention.

Moku = Silencieux, faire silence. Nen = pensée, idée, sentiment, désir, attention.

1. En position de méditation, poser les mains sur les genoux.

2. Respirez profondément puis soyez attentif au moment présent.

3.   Focalisez votre attention sur votre tanden.

4.   Emettez votre intention.

Hatsureï-ho

Méthode pour l'élévation spirituelle.

Hatsu signifie générer, produire. Reï signifie énergie spirituelle, esprit. Ho signifie méthode. On peut traduire cela par «générer de l'énergie spirituelle».

Hatsurei-ho se pratique pour augmenter sa capacité à pratiquer le reïki et s'élever spirituellement. Elle est la pratique essentielle lors des réunions reïki traditionnelles. Elle occupe une grande partie du temps de celles-ci.

Hatsureï-ho est un enchaînement de plusieurs techniques dont certaines déjà citées ci-dessus. Cette pratique était enseignée par Usui au second degré (Okuden). Cet enchaînement permet de se mettre dans un état d'esprit parfait pour la pratique du reïki.

Lors des réunions traditionnelles, chaque technique est pratiquée assez longtemps, et hatsureï-ho peut durer une heure. Cela ne vous oblige pas à pratiquer aussi longtemps. Mais la durée influe bien sûr sur l'effet.

Toutes les techniques constituant hatsureï-ho ont déjà été expliquées mais seront résumées car vous pourrez utiliser les pages suivantes pour vous guider au début dans la pratique chez vous.

Prendre la posture de méditation kihon shisei : la posture de za zen assis sur les genoux est traditionnelle. Mais nous pratiquons plus souvent sur un coussin de méditation, en tailleur ou en position de lotus.

1. <u>Mokunen :</u> Poser les mains sur les cuisses (à l'endroit où elles tombent naturellement), les paumes vers le bas. Fermer les yeux. Se concentrer sur le tanden. Respirer calmement.

Exprimer son intention clairement et à haute voix, afin de focaliser tout son être dessus.

Dire ou penser : « je commence hatsureï-ho maintenant ».

2. <u>Kenyoku-ho</u> :

Il s'agit de la technique de nettoyage à sec décrite plus haut.

Inspirer profondément. Placer la main droite sur l'épaule gauche. Puis en expirant : descendre la main en diagonale jusque sur la hanche droite ; placer la main gauche sur l'épaule droite et descendre en diagonale jusqu'à la hanche gauche ; placer la main droite sur l'épaule gauche et descendre à nouveau jusqu'à la hanche droite. ; placer la main droite (encore) sur l'épaule gauche et descendre-la le long de votre bras gauche jusqu'au bout des doigts et au-delà ; placer la main gauche sur l'épaule droite et descendre-la le long du bras droit jusqu'au bout des doigts et plus loin. Fin de l'expiration.

Doit être répété plusieurs fois de suite.

Facultatif : Connectez-vous au reïki en levant les mains vers le ciel et en laissant couler l'énergie dans vos bras et dans tout votre corps.

3. <u>Joshin Kokyuu-ho :</u>

Lorsque vous inspirez par le nez, imaginez et soyez conscients en même temps que vous inspirez de l'énergie reïki par la tête.

Attirez l'énergie jusque dans votre tanden .

Retenez un peu (de façon raisonnable) votre respiration en imaginant que l'énergie qui « emplit » votre tanden se répand dans tout votre corps.

Expirez par la bouche et en même temps imaginez que le reïki sort par vos mains (chakras), vos pieds, ainsi que le bout de vos doigts et de vos orteils. Variante : imaginez que la lumière sort par tous les pores de votre peau.

4. <u>Gassho</u>

5. <u>Seishin Toitsu</u>

En position gassho

En inspirant on aspire également l'énergie reïki par nos mains, à travers nos mains et on l'attire jusqu'à notre tanden.

Un instant stopper la respiration pendant que l'on sent l'énergie qui emplit le tanden puis se répand dans notre corps.

Expirer et en même temps imaginer, sentir, visualiser, l'énergie ou la lumière qui sort de nos mains, par nos mains. L'attention est sur les mains pendant toute la pratique.

6. <u>Gokai sansho</u> : récitation des préceptes

On récite les préceptes à voix haute 3 fois de suite comme des affirmations sur lesquelles on focalise afin qu'elles nous influencent, nous imprègnent.

Juste pour aujourd'hui

Ne te mets pas en colère

Ne te fais pas de souci

Sois reconnaissant

Travaille dur sur toi-même

Sois bon envers tous les êtres

7. Mokunen, focalisation de l'intention :

Descendre les mains sur les genoux. Respirer calmement. Focaliser l'attention sur le tanden.

On conclue la pratique de Hatsureï-ho correctement (ainsi on respecte les trois principes bouddhistes: bon au début, bon au milieu, bon à la fin) en disant à haute voix ou dans sa tête : « j'ai terminé hatsureï-ho ».

Shuyokai

La pratique de shuyokai est la pratique de groupe réalisée dans les réunions de l'Usui Reïki Ryoho gakkai.

Il s'agit de hatsurei-ho avec quelques aménagements.

1. Gyosei : calmer son esprit et oublier le quotidien en récitant les poèmes de l'empereur Meiji. (on choisit quelques poèmes et chacun est dit deux fois).

2. Kihon shisei : prendre la posture correcte de méditation. (généralement seiza, sur les genoux).

3. Kenyoku-ho : nettoyage à sec

4. joshin kokyuu-ho : nettoyage de l'esprit par la respiration

5. gassho

6. seishin toitsu : respiration par les mains en position de gassho. C'est à ce moment que le maître donne les reiju.

7. gokai sansho : réciter les préceptes 3 fois à voix haute.

8. Dédier cette pratique à l'éveil et à la libération de tous les êtres (pratique bouddhiste)

Enkaku chiryo

Enkaku veut dire « envoyer » et chiryo « traitement ».

Il s'agit dune technique de traitement à distance.

C'était enseigné au niveau okuden koki (la deuxième partie du second degré).

On parle de trois façons de procéder.

Avec une photo : écrivez le nom de la personne et les renseignements que vous avez au dos de la photo.

En dessinant sur le bout de l'un de vos doigts un petit bonhomme représentant la personne.

En dessinant un bonhomme représentant la personne receveuse sur votre genou.

Seiheki chiryo et nentatsu-ho :

La description est dans la partie soin mental.

PARTIE V: MEDITATION

1 -**Méditation sur un objet**

Pendant le stage de premier degré, vous avez reçu une première initiation à la méditation. J'ai particulièrement insisté sur son utilité, ce qu'elle peut apporter et ce qu'elle ne peut pas apporter[20], ce qu'est le mental et comment on devrait s'en servir. Je propose également un stage «calme mental» qui porte entièrement sur ce sujet pendant deux jours. C'est un stage qui fait partie maintenant (2016) des stages débutants obligatoires pour travailler avec moi.

En effet, la pratique de la méditation n'est pas facultative sur un chemin de développement personnel. Tout le monde en a besoin, et sans calme mental la pratique de tous les autres outils sera impossible. J'espère que vous avez bien compris cela, maitenant et que vous avez commencé à progresser. Si vous poursuivez jusqu'au niveau okuden koki, vous devrez vraiment être capable de calmer votre mental, même sans objet de méditation.

Jusqu'ici vous avez pratiqué la méditation sur un objet réel tel que votre respiration. Vous avez aussi pu expérimenter la pratique de anapasati, qui est assez utile pour certains débutants. Vous pouvez continuer à pratiquer ce que vous avez appris au premier degré en augmentant la durée des sessions (vous devez avoir constaté maintenant que votre esprit se calme de plus en plus au fil de la session).

Au second degré je poursuis l'initiation à la méditation en présentant d'autres techniques parmi lesquelles vous pouvez choisir selon votre niveau, votre expérience de la méditation, et

---

[20] C'est loin d'être un remède universel et sans travail sur soi, cela ne suffit pas à changer.

ce qui vous convient le mieux. Bien entendu tout ce qui est enseigné en stage doit être pratiqué, mais vous devez adapter votre pratique à vos progrès, au fil du temps.

Pour cela vous aurez aussi besoin de conseils. Dans tous mes stages hors reïki il y a aussi de la méditation, à chaque fois que nous entrons dans la salle de stage. Lors de ces pratiques, vous êtes libre de choisir la technique de méditation que vous voulez. Vous avez toujours la possibilité d'aborder le sujet de la méditation et de demander des conseils pendant le stage.

En plus de la pratique régulière pour progresser, il est nécessaire de pratiquer la méditation avant toute séance de reïki.

Résumé de la méditation vue au premier degré[21]

1. Prendre la posture de méditation.

2. Choisir un objet (le plus souvent votre respiration)

3. Décider que l'on va focaliser son attention sur cet objet pendant x minutes.

4. Laisser passer les pensées sans y prêter attention.

5. Essayer de ne pas perdre l'objet, sans toutefois tomber dans la concentration et l'effort.

6. Si l'on perd l'objet, on revient simplement dessus sans aucune forme de commentaire mental.

---

[21] Pour de plus amples informations, vous devez vous référer à votre manuel de premier degré ou poser des questions en stage.

2 - Méditation avec visualisation :

Il s'agit toujours de méditation sur un objet, mais maintenant l'objet est différent ; ce n'est pas un objet réel au sens que vous ne pouvez pas le toucher. La pratique va se faire sur un objet qui sera visualisé. C'est ainsi que pratiquent les moines bouddhistes. C'est un peu plus difficile et cela va vous permettre de vérifier à quel point votre mental vous obéit ou non et de vous entrainer de façon plus efficace.

Quel objet choisir ?

Je tiens à rappeler au cas où cela serait nécessaire qu'un objet de méditation peut être à peu près n'importe quoi du moment qu'il a des caractéristiques précises:

- être fixe

- rester le même pendant toute la session

- être suffisamment petit pour que vote mental puisse le saisir d'un coup sans avoir le loisir de s'amuser à l'explorer. En ce qui concerne un objet matériel, on dit qu'il ne doit pas dépasser la taille d'un pouce. L'objet peut être simplement un point.

- Il existe des objets matériels ou non, visuels, sonores ou sensoriels.

Dans le cas de la méditation avec visualisation, on peut dans l'absolu choisir n'importe quel objet que l'on peut imaginer. Il s'agit de voir dans son esprit quelque chose qui a les qualités d'un objet de méditation. Il faut donc que l'objet soit suffisamment petit et qu'il soit fixe, comme pour la méditation sur un objet réel. Vous pouvez visualiser un objet qui existe en réalité et que vous aimez, ou bien inventer n'importe quelle image. Je vous conseille de la choisir assez simple et surtout petite, comme l'image d'une fleur, par exemple.

Bien évidemment les bouddhistes aiment choisir l'image d'un bouddha pour objet de méditation. De leur point de vue cela rend la méditation plus puissante et cela apporte multiples bénédictions. Vous pouvez choisir un objet en rapport avec vos convictions religieuses si vous en avez, ou simplement un objet que vous aimez ou qui compte pour vous. Par exemple, vous pouvez visualiser un petit objet que vous avez chez vous et que vous appréciez particulièrement. Le fait de bien connaître l'objet peut aider.

En résumé :

- Vous allez visualiser un objet.

- Cet objet peut exister ou être créé de toute pièce.

- Une fois l'image de l'objet créée dans votre esprit, cette image devra rester fixe, ce qui est le plus difficile.

- C'est cette image dans votre tête qui est l'objet de la méditation c'est-à-dire la chose fixe et unique sur laquelle vous allez focaliser votre attention pendant toute la session.

Pratique de la méditation avec visualisation

La procédure à suivre est la même que lorsque vous utilisez la respiration en tant qu'objet.

1. Prendre une posture de méditation correcte (se référer au manuel de premier degré).

2. Générer la motivation forte (et l'esprit d'éveil).

3. Choisir son objet, ici par exemple la visualisation d'un Bouddha.

4. Les yeux peuvent être fermés, entre-ouverts ou grand ouverts.

5. Visualisez (imaginez, voyez) l'objet choisi devant vous.

6. Observez votre objet, regardez-le bien.

7. Prenez la décision ferme de placer votre esprit sur cet objet et rien d'autre, de ne pas le lâcher, pendant x minutes (par exemple 10 minutes). C'est maintenant que commence la méditation.

8. Laissez toujours 25 à 30 % de votre esprit totalement libre. Relâchez ou resserrez votre « prise » sur l'objet selon le besoin. Tâchez de ne pas le perdre.

9. Essayer de conserver une image fixe dans votre tête. L'objet ne doit pas se modifier. Il doit rester stable.

10. Laisser passer les pensées qui arrivent spontanément sans y prêter attention et surtout sans les suivre.

11. Si vous perdez l'objet trois fois recommencez tout depuis le début.

Que veut dire perdre l'objet dans le cas d'une méditation sur une visualisation ? Bien entendu quand vous n'arrivez plus à voir l'objet dans votre tête, il est perdu. Mais l'objet ne doit pas non plus changer. Or, votre mental est insoumis et il est probable que votre objet se transforme spontanément. Non seulement vous aurez peut-être du mal à conserver une image nette de l'objet dans votre tête, mais il se peut que cette image change totalement. Si vous visualisez un bouddha, il peut se mettre à bouger, changer de vêtements, de couleur, de taille, vous faire un clin d'oeil, etc... Votre mental n'est pas habitué à rester immobile. La pratique de la méditation consiste précisément à l'obliger à rester immobile, avant qu'il soit possible de le stopper.

Dans cette méditation avec visualisation, deux aspects de l'objets doivent être recherchés : la stabilité, et la netteté.

Au début il faut obtenir la stabilité de l'objet, ensuite viendra la clarté et la précision. Ce n'est donc pas grave si au début l'objet que vous visualisez n'est pas très net. Mais il ne doit pas se transformer. Ne le lâchez pas ! Soyez passioné par cet objet. Si ce n'est pas le cas, demandez-vous pourquoi. Essayez d'analyser ce qui vous distrait lors de vos méditations. Est-ce un souci, un problème récurrent ? Essayez d'y remédier.

Vous pouvez éprouver plusieurs sortes de difficultés avec la visualisation. Certaines personnes pensent être incapables de visualiser quoi que ce soit. Très souvent ces personnes pensent qu'elles doivent voir l'image avec leurs yeux. Or, toute visualisaion est un produit de l'imagination, et donc une création mentale. Elle est vue avec l'esprit et non avec les yeux. Croire le contraire entraîne le blocage de l'imagination.

Etre capable de visualiser une image et de la garder stable et nette demande un grand entrainement. Vous progresserez beaucoup dans votre capacité à contrôler votre activité mentale en pratiquant ce type d'exercice.

3 -Tratak

Cette pratique méditative vient du yoga.

Elle ressemble à la méditation précédente et peut constituer un préalable à celle-ci. De ce fait elle est très intéressante pour vous. Il s'agit d'un entrainement à la visualisation qui demande moins de maîtrise que la technique présentée auparavant.

Dans tratak il s'agit de fixer son attention sur un objet que l'on regarde, en un point.

L'objectif est toujours de contrôler notre esprit afin d'être capable au moins de garder notre attention sur une seule chose plutôt que d'avoir un esprit qui vagabonde continuellement. Tratak stabilise notre mental de façon très rapide et sans doute plus facile que la méditation décrite précédemment. Mais tratak consiste à alterner le regard et la visualisation.

Vous devez vous choisir un objet de méditation mais cette fois il est concret, matériel.

On propose souvent la flamme d'une bougie. Je le déconseillerais : regarder la flamme d'une bougie peut énerver, et faire mal aux yeux. De plus une flamme n'est pas vraiment un objet fixe. Mais un autre objet peut convenir comme une image ou une statuette d'un bouddha, la syllabe Om, ou tout autre petit objet. Choisir un objet simple au début est recommandé. En stage, vous avez pu essayer avec un crayon, le capuchon d'un stylo, une pièce de monnaie, le bouchon d'une bouteille d'eau, etc.

Résumé de la pratique

1. Installez-vous dans une posture de méditation convenable.

2. Placez l'objet devant vous à hauteur de vos yeux si possible, ou sur le sol, et à un mètre environ.

3. Gardez les yeux ouverts.

4. Posez votre regard et votre esprit sur l'objet, sans fixation cependant, c'est juste posé, disons que c'est une fixation sans effort.

5. Fixez l'objet sans cligner des yeux.

6. Au bout d'une minute environ, fermez les yeux et visualisez l'objet dans votre esprit, exactement comme il était devant vos yeux (même angle, même taille, etc.).

7. Quand vous n'arrivez plus à maintenir la visualisation ouvrez les yeux et recommencez à fixer l'objet.

8. Ne prêtez pas attention aux pensées qui naissent, laissez-les passer et ramenez votre attention sur l'objet.

9. Fermez à nouveau les yeux et visualisez l'objet dans votre esprit tel que vous le voyiez avec vos yeux.

10. Tratak est l'alternance de deux phases : fixation et visualisation.

11. Augmentez progressivement la durée de la phase de visualisation.

Petit à petit votre esprit va s'aiguiser, vous visualiserez mieux et vous allongerez la durée de la pratique.

Vous pouvez pratiquer tratak à n'importe quel moment de la journée et quasiment n'importe où : fixez votre regard sur une étoile dans le ciel, sur une fleur, un élément de décor. Vous calmerez rapidement votre esprit.

PARTIE VI: COMPASSION

1 -L'importance des pratiques de compassion

Les pratiques de compassion sont essentielles sur un chemin spirituel et pour travailler sur soi. Autrefois dans mes stages de reïki premier degré (shoden), je n'avais pas toujours le temps de développer ce sujet autant qu'il l'aurait mérité, en raison du programme très chargé du stage. Deux jours, même avec une soirée,[22] c'est un peu trop court.

Heureusement, le stage sur l'amour que je fais chaque année venait compléter l'apprentissage. Maintenant le nouveau stage débutant sur l'énergie donne une plus large place à la compassion et à l'énergie d'amour.

Je tiens à dire ici, même s'il s'agit d'un manuel de reïki et pour bien permettre au lecteur de comprendre la place de la compassion, que l'amour est le centre de la méthode que j'enseigne. Sans l'énergie d'amour aucune transformation de l'être humain n'est possible. **L'amour est la clé de tout ce travail.** L'amour, le pardon et la compassion pour soi-même, sont essentiels si l'on veut guérir son passé

L'amour ici n'est pas considéré en tant qu'émotion ou simple sentiment, il s'agit à la fois d'un état, l'état d'amour, et d'une énergie, celle à laquelle on a accès quand on parvient à être dans un état d'amour. Cette énergie est une force monumentale et la clé de toute guérison. Tout cela est bien développé dans mon stage débutant sur l'énergie, qui remplace le stage reïki 1 pour les nouvelles personnes qui rejoignent ce chemin de l'Art de la Guérison Individuelle.

---

[22] une vingtaine d'heures de cours réparties sur deux jours.

Je suis en train d'écrire un livre sur l'amour, j'ai aussi abordé plusieurs fois le sujet de la compassion dans mes autres livres : je ne vais pas m'étendre sur le sujet dans ce manuel, mais seulement rappeler les bases. L'enseignement doit évidemment être reçu en stage.

Le sujet mérite vraiment d'être développé à l'oral, enrichi par les échanges et les réponses données aux problématiques des élèves présents. Enseigner la compassion demande d'être inspiré et de s'oublier totalement, plus encore que n'importe quel autre enseignement. Chaque fois que je l'enseigne, je le fais de façon différente, en fonction des personnes présentes.

Vous aurez donc compris, je l'espère, que les pratiques de compassion ne peuvent pas être facultatives, quel que soit le nom que l'on donne au travail sur soi. Au niveau okuden zenki, vous allez principalement continuer la pratique de la méditation de compassion telle que je l'ai enseignée au niveau shoden. Cependant, il ne suffit pas de s'en tenir à la pratique «standard» et de ne faire que cela.

Si jamais vous faites partie des élèves qui jusqu'ici ont peu pratiqué la méditation de compassion, il va vraiment falloir changer cela. Vous ne pouvez pas y échapper !

2 - Méditation de compassion : rappel de la pratique

Les paragraphes suivants sont un extrait du manuel de premier degré et sont là pour vous remémorer la pratique «standard» de ce que nous appelons la méditation de compassion, un peu à tort, car il ne s'agit pas de méditation, en fait.

Il est conseillé de s'asseoir en posture de méditation. Ce n'est pas tout à fait obligatoire et l'on peut pratiquer sans être sur un coussin de méditation. Cependant, il faut tout de même prendre le temps de bien faire les choses.

Regardez votre vie. Voyez comme tout ce que vous faites, vous le faites dans un unique but : trouver le bonheur.

Ensuite regardez les autres personnes et voyez que c'est exactement la même chose pour elles. Elles cherchent toutes le bonheur. Quoi qu'elles fassent, même si elles sont très différentes de vous, elles ont cet objectif, cette recherche, qui est la même que la votre. La vie est souvent difficile et tous nous cherchons à être heureux et à éviter la souffrance, avec ce que nous sommes et nos moyens. Ceci est également vrai pour les autres créatures, les animaux par exemple. Vous avez droit au bonheur et les autres aussi. Ne souhaitez-vous pas qu'ils l'obtiennent ? Si oui, vous êtes en train de générer en vous la compassion. C'est un bon début.

D'une façon ou d'une autre, vous devez trouver un moyen de générer en vous un sentiment qui sera le plus proche possible de la compassion telle que nous l'avons définie ensemble en stage. Je suis consciente que ce n'est pas évident et que certaines personnes ont même de grosses difficultés avec l'amour en général, du fait de leur parcours personnel. Mais l'important est de faire de son mieux et de générer en soi le sentiment le plus proche de la compassion dont on soit capable. A défaut d'amour, cela peut être de la tendresse, ou même de la bienveillance.

Tant qu'on n'est pas habitué à la pratique, il est usuel de se servir de ses souvenirs pour générer le dit sentiment. Pensez à un moment où vous avez senti de l'amour (ou à défaut, de la bienveillance, de la tendresse).

La méditation de compassion comporte deux parties, la plus importante étant celle qui vous est consacrée. En effet, on ne peut pas aimer les autres si on ne s'aime pas (vraiment). Il faut donc pratiquer en priorité la partie tournée vers soi. Pour certaines personnes (celles qui n'ont pas envie de pratiquer pour elles par exemple), il ne faut pas du tout pratiquer sur les autres pendant un certain temps. Moins vous avez envie de vous donner de l'amour, plus vous devez le faire. Il serait dangereux de ne pratiquer que pour les autres.

Résumé des deux parties de la méditation de compassion :

<u>Pratique pour soi</u> : générer le sentiment de compassion, se le donner (plusieurs méthodes sont possibles), prendre le temps de se pardonner ce qu'on se reproche. A utiliser sans modération selon toutes les variantes nécessaires au travail que vous faites sur vous en ce moment (sur un événement, un ressenti, une souffrance, vous à un certain âge, vous bébé, sur votre corps, etc).

<u>Pratique pour les autres</u> : une personne à la fois en commençant par les gens que vous n'aimez pas, ceux qui vous ont fait du mal, ceux avec qui vous avez ou avez eu des relations difficiles (mêmes s'ils sont morts), sans oublier ceux

qui vous embêtent dans la vie quotidienne, vos amis et votre famille. Générer le sentiment d'amour, l'envoyer à la personne, voir que cela lui fait du bien, se réjouir. Ce dernier point est de la plus haute importance.

Bien entendu, il est impératif d'être sincère dans la pratique, c'est-à-dire de sentir vraiment, de vouloir vraiment donner (et se donner) cet amour, de (se) souhaiter sincèrement du bien, et de se réjouir sincèrement, ce qui devrait produire un sourire final sur votre visage.

Utilisations

Ce qui est décrit ci-dessus est un résumé de ce que nous appelons méditation de compassion. Dans la pratique, il est évident que mes élèves composent de multiples variantes de cette technique et l'adaptent aux situations rencontrées dans leur développement personnel.

La partie la plus importante de la pratique est celle qui est réalisée pour soi. Elle va permettre de s'occuper de certaines souffrances, et donc, de transformer.

Il existe de multiples façons de se donner de la compassion, de l'amour. L'essentiel est de se souvenir qu'il ne suffira pas de pratiquer la compassion d'un point de vue général pour vraiment faire de cette technique un outil de transformation. Dans le travail avec moi, vous avez appris que la précision et le fait d'être très concret est le gage de la réussite. Si l'on reste «général», il ne se passe rien. La réussite du travail sur soi exige de travailler sur des choses concrètes, précises, et dont on est sûr qu'elles sont réelles, et bien en nous.[23]

---

[23] d'où la nécessité de l'EXEM®

Ainsi, vous devrez pratiquer la compassion sur des souffrances que vous avez pu toucher. Par exemple, vous pratiquerez sur des souffrances dont vous avez pris conscience avec l'exploration émotionnelle, sur des événements du passé liés à des croyances que vous avez trouvées avec ce même outil. Vous pouvez pratiquer pour vous à un âge précis, à une période de votre vie. Vous devez aussi pratiquer à la fin de chaque exploration émotionnelle afin de commencer immédiatement à effacer les croyances trouvées.[24]

Il est primordial de se souvenir que, quoi que vous en pensiez, vous avez toujours fait de votre mieux, toute votre vie. C'est donc le moment de vous pardonner ce que vous vous reprochez. Par exemple, ce que vous avez écrit pendant le stage «émotions et croyances limitantes» au moment de l'inventaire. Mais il est probable que vous puissiez faire une liste plus longue de «choses» que vous vous reprochez, que vous ne vous pardonnez pas.

---

[24] EXEM® cf «L'Art de la guérison Individuelle»

3 - Maitri

Voici une petite pratique de compassion, très simple et très utile, en particulier quand vous avez des problèmes avec quelqu'un.

Il existe une petite histoire pour présenter cette pratique.

Du temps du Bouddha historique, celui-ci envoya des moines méditer dans une forêt. Mais ces moines ne parvinrent pas à méditer car ils étaient dérangés par des esprits habitant la forêt. Ils revinrent auprès du bouddha et lui expliquèrent ce qui se passait. Celui-ci leur dit de retourner dans la forêt et de répéter dans leur méditation à l'intention de ces esprits dérangeants : "Puissiez-vous être bien; puissiez-vous être heureux". Cette pratique se révéla bien évidemment efficace; les esprits cessèrent de déranger les moines et devinrent bientôt leurs alliés.

Il est important de comprendre, que lorsque vous pratiquez maitri, vous changez votre état d'esprit et c'est en soi ce qui est efficace, comme dans la pratique du reïki sur situation. Une fois que les moines étaient dans l'amour, ils n'étaient plus dérangés par les esprits.

Pour générer la compassion en vous et dénouer des situations difficiles avec des personnes parfois agressives, vous pouvez répéter : "Puissiez-vous être bien, puissiez-vous être heureux" à l'intention de ces personnes, ou de cette personne. Se mettre en posture de méditation et avoir l'intention de faire bien est utile aussi. Vous pouvez commencer à faire cela pour vos proches, puis l'étendre à vos voisins, vos amis, et pourquoi pas vos ennemis, et toutes les personnes qui vous répugnent.

«Puissiez-vous être bien», est avant tout un message de bonté. Or, la compassion n'est pas seulement la bonté. La compassion nécessite de reconnaître que tous les êtres sont de la même nature que nous, font de leur mieux, et souffrent.

Sans la reconnaissance de la souffrance il n'y a pas de compassion. Afin que cette pratique soit efficace il faut donc vous souvenir que les personnes pour lesquelles vous pratiquez sont des êtres humains, des êtres sensibles, qui s'adaptent à la vie comme ils peuvent, font de leur mieux, comme vous. Même si le comportement de ces personnes vous est difficile, vous devez vous souvenir qu'elles ne sont pas responsables de vos ressentis, et qu'elles font ce qu'elles peuvent. Elles souffrent, elles aussi. La vie est difficile pour tous les êtres humains.

C'est un art que de parvenir à être une personne décente[25] c'est-à-dire à rester bon et compatisssant, sans jamais fuir la réalité, les difficultés de la vie, et les souffrances inévitables, sans jamais s'en prendre aux autres, chercher à porter les responsabilités qui sont les leurs ou abandonner les nôtres... C'est le chemin de toute une vie.

---

[25] je me rends compte que j'ai tendance à angliciser mes phrases. On pourrait dire correcte ou même bonne.

4 - Tonglen

Pour poursuivre les pratiques de compassion, je vous propose maintenant d'essayer tonglen. Cependant ce n'est pas une obligation, peut-être avez-vous besoin de vous familiariser plus avec la compassion avant d'essayer cette technique. Dans ce cas vous y viendrez plus tard. Il est essentiel de s'aimer pour pratiquer cette méthode, sinon cela peut mener à des aberrations... pratiquez beaucoup la méditation de compassion apprise au premier degré, et surtout sur vous, avant de commencer celle-ci.

Dans le cas où vous ne respecteriez pas cette règle, vous risquez des ennuis. En effet, si une personne qui ne s'aime pas souhaite donner aux autres, et encore plus «prendre sa souffrance», elle se fera mal et finira par s'aimer encore moins, ce qui est contraire au but de ces pratiques.

Résumé de la pratique

Tonglen se pratique sur la respiration. On peut résumer le principe ainsi :

1. Quand on inspire on imagine qu'on aspire la souffrance

2. Quand on expire, on donne la joie, la paix, la sérénité.

Tonglen est une pratique de compassion du bouddhisme tibétain. Pour des explications détaillées, vous devriez vous reporter au «Livre tibétain de la vie et de la mort », de sogyal rinpoché, éditions table ronde, au chapitre 12, en particulier pages 258-277. Vous trouverez les liens sur mes sites.

<u>Tonglen est généralement enseignée en **quatre** étapes</u>

1. Pratiquer sur l'environnement : on aspire toute la négativité et la lourdeur de son environnement, d'une pièce, de l'atmosphère, de son humeur etc... et on envoie la paix, la clarté, la sérénité.

2. Pratiquer tonglen sur soi : c'est une pratique très importante pour les occidentaux car beaucoup ont tendance à ne pas s'aimer ni accepter leur souffrance. Or on ne peut avoir de réelle compassion pour les autres sans en avoir pour soi. Dans cette pratique, on se sépare en deux parties, A et B, L'une représentant notre partie saine, l'autre notre partie qui souffre. A ouvre son cœur, accueille et embrasse toutes les souffrances de la partie B et lui envoie tout son amour, sa confiance, sa chaleur. B ouvre son cœur pour laisser la douleur partir.

3. Tonglen pratiqué dans une situation vivante : à faire sur une situation qui nous met mal à l'aise. On accepte toute la culpabilité, la totale responsabilité de ses actes, et on dispense pardon et réconciliation.

4. Tonglen pratiqué pour les autres.

Je vous conseille vivement de pratiquer dans cette ordre. Tonglen est une pratique avancée, qui ne doit pas être faite n'importe comment.

Tonglen apporte la joie, comme toutes les pratiques de compassion et si vous ne la ressentez pas c'est que quelque chose cloche dans votre façon de pratiquer. Surtout il ne faut pas oublier qu'il ne faut pas « garder » la souffrance aspirée, mais que cette souffrance se dissout dans la vacuité. De plus, le fait d'apporter soulagement, joie, amour, à l'autre, nous remplit de Joie. J'ai pratiqué cette technique près de personnes souffrantes, dans les voyages chamaniques et pendant les soins chamaniques.

Je peux dire que c'est une technique puissante si elle est pratiquée correctement, ce qui à mon avis risque de ne pas souvent être le cas, malheureusement. Les bouddhistes aiment raconter qu'elle peut faire des miracles. Si c'est le cas c'est avant tout en soi, comme le fait l'Amour en général.

Il ne faut en aucun cas espérer que cette pratique guérisse une personne. Mais ce qui est vraiment essentiel comme dans toutes les pratiques c'est de souhaiter vraiment prendre la souffrance et donner le bonheur... Alors tout cela est bien joli, évidemment... cela paraît très bon. Mais si une personne a un conditionnement (programme) qui lui dit qu'elle ne vaut rien, qu'elle vaut moins que les autres, ce genre de pratique ne va pas l'aider car elle aura tendance à se mettre encore plus bas que terre.

Ce qui fait qu'on souhaite prendre la souffrance, ce n'est pas le sacrifice ou une croyance comme quoi l'autre serait plus important. Ce concept même est totalement contraire à la compassion qui se fonde sur la réalisation du fait que nous sommes tous exactement de la même nature. Ce qui fait qu'on peut accepter de recevoir la souffrance de l'autre, c'est justement la compassion, qui considère que l'autre et soi, c'est la même chose. «Aime ton prochain comme toi-même», ni plus ni moins. Avant d'en arriver là il vous faudra beaucoup travailler sur vous et donc pratiquer POUR VOUS.[26]

---

[26] Je développe aussi ces notions dans mon livre sur les soins chamaniques («soigner autrement est possible»).

C'est aussi important de se rappeler les règles de base du reïki : ne rien vouloir, ne rien attendre, ne rien penser. Les pratiques de compassion ne sont pas des pratiques pour l'égo, ce ne sont pas des pratiques pour exprimer sa volonté ou attendre la réalisation de ses souhaits. Au contraire, ce sont des pratiques de dissolution de l'égo. Il serait très dangereux de pratiquer tonglen alors que vous en êtes encore au stade où vous ne pouvez pas vous empêcher de vous identifier aux personnes pour qui vous pratiquez.

Conclusion : pratiquez pour vous avant toute chose, et en particulier, si vous êtes réticent à le faire.

CONCLUSION SUR LE NIVEAU OKUDEN ZENKI

Le niveau okuden zenki est très intéressant car il fournit plusieurs outils essentiels pour le développement personnel. La pratique sur situation et le soin mental seront très souvent utilisés par mes élèves. Comme je le dis souvent pendant ce stage : «Maintenant vous n'avez plus d'excuses pour ne pas faire votre lessive».

Lorsque les élèves arrivent au stage okuden zenki, ils ont déjà suivis tous mes stages débutants[27], mais aussi plusieurs stages sur des sujets essentiels tels que l'amour. Ils connaissent déjà l'exploration émotionnelle, le regard chamanique, le voyage chamanique, la méditation, la méditation de compassion. Ils ont pratiqué des inventaires de croyances et de très nombreux exercices. Ils ont déjà bien travaillé, et beaucoup changé.

Les nouveaux outils de l'okuden zenki étaient les derniers outils de base qui leur manquaient. Ils sont donc bien équipés maintenant pour travailler sur eux quotidiennement, même si quelques outils leur seront transmis un peu plus tard. Ces outils du reiki second degré sont les bienvenus et comme la plupart des outils de la méthode Usui Reïki Ryoho, ils sont simples à mettre en oeuvre. C'est l'un des principaux avantages de cette pratique énergétique

Vous allez rester très longtemps à ce niveau de la méthode. En effet, il y a un pas de géant entre le niveau okuden zenki et le niveau okuden koki, en terme de compréhension de la pratique. Le niveau okuden zenki peut être suivi assez rapidement et cela est recommandé du fait de l'utilité de ses outils pour travailler sur soi. En revanche, le niveau okuden koki ne comporte que très peu de nouveaux outils et rien qui

---

[27] À ce jour, ils sont au nombre de quatre.

puisse être considéré comme essentiel pour travailler sur soi. Ce n'est vraiment pas là que le progrès se situe. Il faut bien se rappeler que les outils ne sont rien par eux-mêmes et qu'en reïki comme dans le développement personnel en général, l'enseignement et la compréhension de la démarche comptent plus que les techniques.

Une fois arrivés au niveau okuden zenki, mes élèves commencent en général à vraiment percevoir la portée de l'enseignement qui leur est prodigué. Ce chemin est une partie importante de leur vie. Alors qu'au début du parcours les stages sont vécus comme des parenthèses à la fois intenses et réconfortantes dans leur vie quotidienne, la scission entre «vie ordinaire» et «développepemnt personnel» commence à disparaître. Petit à petit, elle n'existera plus, l'esprit qui est le nôtre en stage deviendra l'état d'esprit normal, quotidien.

PARTIE VII : DOCUMENT ANNEXES

1 - Symboles dessinés par Mme Takata

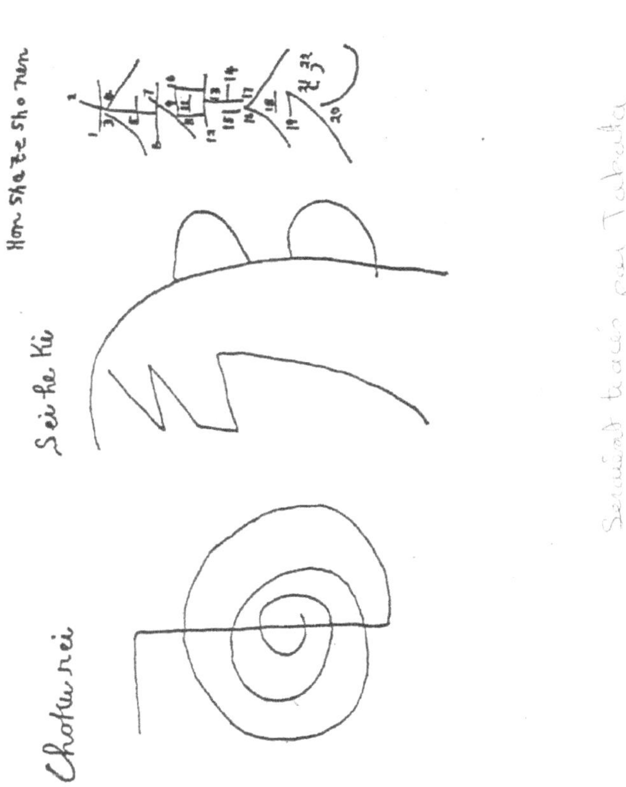

2- Aperçu du programme du stage Okuden Koki

Durée : 2 jours/ 20 heures.

Le niveau okuden koki correspond à un second degré avancé, qui concerne des élèves ayant pratiqué assez longtemps le degré okuden zenki et qui ont bien progressé. Il vise à approfondir et affiner la pratique dans l'optique d'atteindre le troisième degré de la méthode. On peut suivre ce stage en général plusieurs années après le stage Okuden zenki.

Mes élèves qui le suivent ont participé à de très nombreux autres stages de développement personnel avec moi avant d'en arriver là. C'est nécessaire pour qu'ils soient guidés dans leur travail de développement personnel. On ne peut en aucun cas imaginer comme cela est le cas dans le reïki simplifié occidental que suivre un stage de deux jour puisse suffir à recevoir tout l'enseignement nécessaire pour travailler sur soi. Usui voyait ses élèves chaque semaine, rappelons-le.

Pendant ce stage je reviens sur chaque notion importante. Les élèves sont testés sur leur compréhension de la méthode Usui Reïki Ryoho, et du cheminement spirituel. Je pose donc beaucoup de questions difficiles auxquelles ils tentent de répondre. L'enseignement est essentiellement donné à travers ces échanges entre élèves et professeur. Le niveau okuden koki comporte peu de nouvelles techniques et doit avant tout représenter un approfondissement. On doit forcément à ce niveau commencer à comprendre la portée spirituelle de la méthode Usui Reïki Ryoho. Le stage comprend beaucoup de pratique de méditation et en général à ce stade les élèves ont vraiment énormément progressé vers le calme mental.

Révision de okuden zenki, mise au point sur la pratique, les difficultés rencontrées, le chemin de développement personnel. Conseils personnalisés, approfondissement des techniques et de leur compréhension, ainsi que de la compréhension du reïki.

Approfondissement de toutes les notions importantes :

Intention, guérison, présence, bon état d'esprit pour la pratique.etc

Rappel des règles pour la pratique : état d'esprit , motivation, intention, attention, non agir.

Les préceptes du reïki,

Les kotodamas de Usui : il s'agit de sons sacrés transmis traditionnellement au Japon par lignées, I shin den shin (d'âme à âme). Usui nous a transmis 4 kotodamas à utiliser pour le soin ou la méditation, 3 sont transmis au second degré.

Méditation:

shiné encore. Beaucoup de pratique.

Zazen shikan taza: méditation traditionnelle zen

Méditation sans objet

Compassion : tong len

Techniques japonaises :

Oshi-te Chiryo Ho

Nade-te Chiryo Ho

Uchi-te Chiryo Ho

Ibuki-ho :

Koki-ho traitement par le souffle

Gyoshi-ho : traitement par le regard

Ketsueki-ho : Hanshin koketsu-ho, Zenshin koketsu-ho : méthodes de purification

Hesso chiryo : traitement par le nombril

Tanden chiryo : traitement du tanden (vitalisation et élimination des toxines)

Kongo chiryo-ho, laser-ho : concentrer l'énergie en un point

Jacki kiri joka-ho : purification, élimination d'énergies incompatibles

Complément : purification des objets

Reïki undo : pratique de groupe

Harmonisation des 3 tandens

Hikari kokyuu-ho

Shuyokai

Pratique quotidienne du membre de la usui reïki ryoho gakkai

3- Présentation de la méthode de transformation personnelle AGI®

Ce texte a été proposé par les élèves qui suivent la formation de formateur AGI®.

L'Art de la Guérison Individuelle AGI® est une méthode de transformation personnelle mise au point par Valérie Tardy.

Pour s'adapter à son environnement et aux situations rencontrées, chaque être humain s'est conditionné. L'ensemble de ces conditionnements forme un "programme" constitué de croyances. Si ce programme lui permet de survivre, il est aussi la source de beaucoup de souffrances. Le but de la méthode AGI® est de se libérer du programme par un travail sur soi. C'est une **nouvelle forme de thérapie** qui s'adresse à toute personne qui veut vraiment obtenir des changements dans son vécu.

Chacun apprend à sentir ce qui se passe en lui, à reconnaître ses émotions dans son vécu quotidien, puis à pratiquer l'exploration émotionnelle EXEM® pour découvrir ses croyances inconscientes. Il peut ensuite agir pour les effacer et se libérer de leur empreinte, grâce aux différents outils transmis. Ce travail est très concret et nécessite d'être prêt à regarder précisément ce qui ne va pas dans sa vie.

Dès les premiers pas sur cette voie, chacun constate des changements bénéfiques au quotidien. La personne dépasse petit à petit ses blocages et ses peurs. Elle vit de plus en plus "en conscience", dans l'instant présent et dans la réalité, parmi les autres. **Ainsi, cette méthode constitue un chemin spirituel qui mène à l'amour et à la pleine conscience.**

Le travail avec AGI® se fait en profondeur et permet de récupérer son énergie en se libérant de ses vieux schémas, sources de souffrances évitables.

De nombreuses caractéristiques différencient AGI® des autres méthodes de travail sur soi, par exemple **l'absence d'analyse ou d'interprétation du vécu**. La pratique permet de toucher les vrais problèmes et de s'en débarrasser. Chacun suit son rythme, en travaillant à partir des émotions qui se présentent dans sa vie quotidienne, et débusque son programme. Il n'y a pas de chemin type, chaque parcours est unique et personnel.

La méthode AGI® est enseignée essentiellement en groupe. Par l'acquisition d'outils, elle rend la personne autonome. Chacun poursuit son travail personnel chez lui, de façon indépendante. Il est toujours possible d'obtenir un soutien, soit par le biais du forum, soit par un rendez-vous. Le parcours propose aussi des soins collectifs, dans les séminaires de guérison.

L'Art de la Guérison Individuelle AGI® est une méthode complète et efficace qui replace chaque personne au centre de sa vie et lui rend la responsabilité de son bonheur. Elle permet à chacun de vivre au mieux sa condition humaine.

Pour en savoir plus, il est conseillé de lire le livre de Valérie Tardy « L'Art de la Guérison Individuelle AGI® », que vous trouverez en vente sur le site Amazon (tous les Amazon du monde).[28]

---

[28] Tous les stages proposés par Valérie Tardy font partie de sa méthode AGI®.

4 - Note pour les lecteurs

Nous vous remercions de l'achat de ce livre, que ce soit en édition brochée ou en format numérique. Nous avons voulu que les prix soient très accessibles aux lecteurs. Si vous désirez lire les prochains ouvrages de Valérie Tardy, et à des prix raisonnables, vous pouvez nous aider en écrivant un excellent commentaire produit sur Amazon. Cela permettra en premier lieu à d'autres personnes potentiellement intéressées de trouver cet ouvrage facilement. Nous vous remercions chaleureusement pour tout commentaire 5 étoiles, car ce sont les seuls qui permettent à un livre d'être trouvé.

UN GRAND MERCI POUR VOTRE SOUTIEN ET VOTRE INTÉRÊT !

www.ingramcontent.com/pod-product-compliance
Lightning Source LLC
Chambersburg PA
CBHW050523160726

48003CB00001B/428